山の扉

辻 涼一

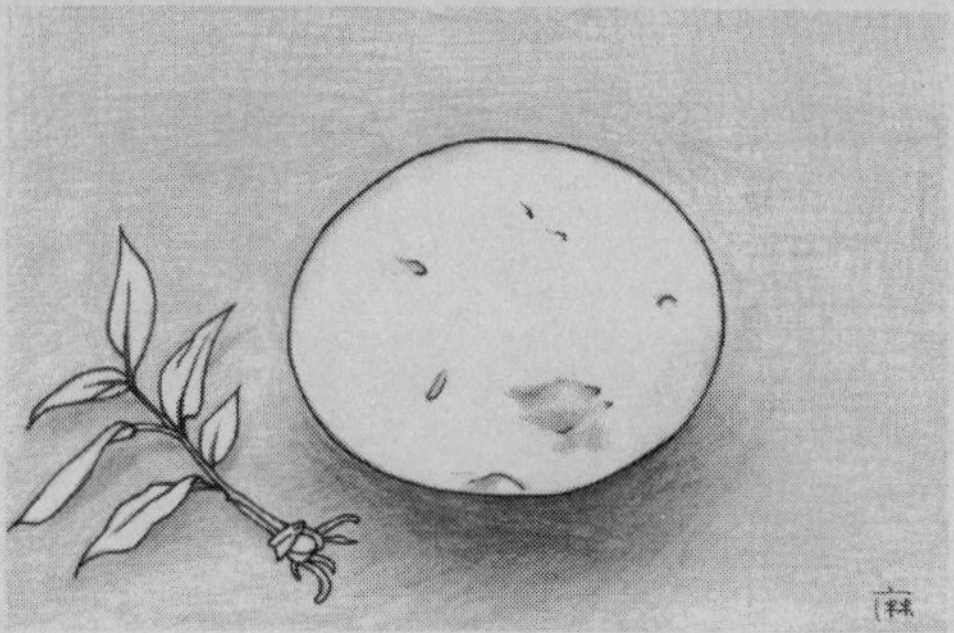

はじめに

湖東平野の東外れに点在する集落は、日がな静かな佇まいを見せている。国境から延々と錯綜しながら張り出してきた尾根が平野部に接する辺りには、標高二〇〇メートル前後の等高線に沿って踞るように村々が点在し、琵琶湖に向かってゆったりと高度を下げながら裾野を広げる田園地帯からの眺めは広く大きい。観音寺山や箕作山など戦乱の舞台となった標高二、三〇〇メートルの小山が海に浮かぶ島のように盛り上がり、その神の視線のような高みから箱庭のような田園風景を見下ろしていると、気分が大きく膨らんでいく。

夜明けの頃に東方を見上げると、押立山や秦川山などの山端から徐々に光が沸き上がり、朝靄の海に沈んでいた稲田がゆっくりと目覚めていく。光の広がりと共に霧が動き出し、次第に明瞭な輪郭に縁取られていく鎮守の森や屋敷森は、素朴な中にも由緒正しい伝統的村落の佇まいといった凛とした気配が漂っている。一方、夕暮れともなると、琵琶湖対岸の山々に光芒が溶け入り、黄金色に染まっていく眩いばかりの平野は西方浄土の阿弥陀来迎を想わせる光の氾濫そのもので、煌めきの中に一切の音が吸い込まれ、静謐の時間の中に神や仏の存在が強く意識されていく。

山麓に点在する百済寺、金剛輪寺、西明寺、大覚寺や東光寺といった寺々の営みは、古来より人々の暮らしと深く結びついてきた。人々を巡る生死、生産活動、そして日々の喜怒哀楽といった長い間に亘って染み込んできた田園を取り巻く濃密な空気は、長い時間をかけて醸成され、やがて独特な精神文化・風土を創り上げていったのだろう。見事に単純化された平面構図の風景は美しい。その田園の暮らしは一見鄙びてのどかだが自然の彩りは実に鮮やかであり、折々の季節の音は静寂の中にも力強さを秘めている。それを意識するたびに、点在する集落や山麓の古刹から立ちのぼる空気は一層濃密さを増していく。暮らしとは日々の新しい発見であり、一期一会の旅そのものかもしれない。それは時として初めて扉が開いた時に出会うもののように劇的であり、大いなる自然と人の物語は季節の彩りの中でゆっくりと巡っていく。

たとえば早春に、畦を彩っていた蕗の薹が消えると同時に始まるある年の物語。代掻きの前の鋤き起こしの活気が春の賑わいに重なりつつ田園は動きだす。しかしそれも束の間、季節は足早に移ろい山桜の残像を眼の奥に残しつつ既に田園の舞台は回りだしている。やがて初夏の風に包まれて、視線の先に青みを増した遙かな鈴鹿の山並みの躍動の季節の訪れを実感する。

静寂と活気が交互に訪れる夏の一日は稲田の空気を破る草刈り機の音で始まり、太陽の上昇と共に三々五々人影は消えていく。青い山並みが陽炎のように揺らぐ午後は物憂い静寂の中でジリジリと過ぎてゆき、ようやく長い一日の終わり、心持ち小さくなった草刈り機の音を遠くにぼんやりと聞きながら蚊取り線香に手をのばす夕暮れ時。

更に季節は巡り、みはるかす遠い鈴鹿の山並みが黄金色の海に浮かぶころようやく近在の村々は収穫の時を迎える。のどかなコンバインの音が青空に吸い込まれていく華やぎの季節は、やがて訪れる静謐の季節を前にした神楽の如く力強い。だがそれも束の間。煙たなびく燻炭作りの夕暮れに冷気を感じる頃に田は枯れた野に還り、やがてささやかな愉しみの季節がやってくる。秋の野を渡る運動会のざわめきや、彼岸を前にした観音経の朗詠や鉦の音。

心持ち寂しげなその華やぎの音を取り巻く空気はひんやりとして、その音の合間に深い静寂を感じる頃ようやく華やぎの彩の季節は終わるのだ。
そして冬。比良八荒が野を舞い、風の咆哮を聞きながら巡り巡った夢幻の四季を想う時、ゆっくりとワカンの修理の手が止まり、やがて遙かな雪山へと想いが募っていく。

二〇〇二年　晩秋

辻　涼　一

山の扉

●

目次

鈴鹿おちこちの人

山の本

遠い風景

扉のカット

【オニフスベ（鬼燻べ）】 担子菌類ホコリタケ科のきのこ。竹やぶ、草地、雑木林などに自生。扁球形で、しばしば五〇センチメートル以上に達する。若い時は固い灰白色で次第に表皮が不規則に破れ、黄褐色のスポンジ状になる。さわると胞子が煙のようにでる。

（広辞苑より）

カット　辻 麻子
カバー写真　著 者

百済寺と修験の山

山寺の参道にて

杉木立の中をびっしり乳色の朝霧が埋めていた。ひんやりとした空気の中に古びた石段がゆらゆらと登っており、湿気を含んだ苔のような臭いが樹林に満ちていた。

標高差一〇〇メートルの坂道を駆け上がって総門である赤門をくぐると、幅広い参道の両脇に杉が立ち並んでいた。すくっと延びた杉の回廊の勾配は緩やかだが、坂を上りつつ自分の足音の刻むリズムが次第に規則正しく整っていくうちに、自身の呼吸がゆったりと周囲の空気の中に溶け込んでいく。それは空気が響き合うようでもあり、あるいはそれが仏教で云うところの感応現象といわれるような一種の催眠現象なのかもしれない。

本堂への最後の登りにかかったところで、荒い息もようやく静まりかけていた。樹林の冷気に汗が引いていくのを感じながらふっと息をつくと、上の方から微かに聞こえてくるものがある。初めは鳥の声かと思ったが、長く続いたかと思うと突然途切れたりと何か不規則な音であり、次第にその音が石段に沿って下りて来るとようやくそれが人の声で何か歌でも歌っているようだと分かってきた。それは詩吟のようなものだった。

古刹の杉木立の中に流れる詩吟。こんな朝早くからどんな人だろうと思っていると、やがて小柄な白髪頭の老人が姿を現した。竹の杖を突き、カーデガンを羽織っただけの軽装で、軽やかそうな足下の白いスニーカーが浮かび上がっていた。散歩に来た近所の人のようだった。

「おはようございます」と声をかけると

「ああ、おはようございます」と実に丁寧な口調で挨拶を返してくれた。かなりの年輩の方だと見受けられるものの、坂道を下ってきたにもかかわらず息も切れておらず、かなり歩き慣れているようにも見える。

「お参りですかな」と聞いてくる口調は親しみ深い感じに溢れていた。引き込まれそうなその笑顔につられて「ええ、登山をしますのでそのトレーニングのため四キロほど下の在所から走ってくるのです」と応えると、驚いたことにその老人も時々山に登るという。

相当な年齢なのだろうとのこちらの思いが伝わったらしく、老人は

「私は何歳くらいと思います」と尻上がりの近江弁の口調でたたみかけてきた。これはよほど年齢がいっているらしいと思いながらも、老人の血色いい顔を見ているとはっきりとは分からない。改めて年齢を訊ねると、八十歳を過ぎているという。張りのある詩吟の声といい、敏捷そうなその身のこなしといい、とてもそのような年齢には見えなかった。改めて老人の顔をじっと見つめた。

年に一度、大峰山に登るという老人のその穏やかな表情を見ていると、とても行者講の

山中修行をされる方とは思えない。大峰山寺のある山上ヶ岳に講の一員として登るということだったが、この辺りでは御嶽教とか神州教などという山岳宗教、修験道の講が開かれているると聞くので、老人もそのような宗派や講に属しているのかもしれないと思った。

八十歳を過ぎてなお一〇〇〇メートル級の山に登る現役の登山者、あるいは修験の行者を見送りながら石畳を登っていくと、それまで樹林を埋め尽くしていた朝霧が木洩れ日の煌めきと共に動く気配を見せ始めていた。

その後、老人とは特に約束をしたのでもないが毎月一日と十五日に、判で押したように寺の参道で出会うようになった。老人は百済寺の門前にほど近い集落の床屋のご隠居さんで、菊づくりを趣味にゆったりと日々を過ごしている。生活の中心には信心、そして近所の百済寺へのお参りがある。出会うとお互いのペースを乱さない程度に立ち話をするのだが、時には色々興味深い話を聞かせてくれる。特に青年の頃の話が生き生きとして、周囲の枯れた風情の中で、知る由もないこの寺の半世紀以上も前の山寺とそれを取り巻く時間へと遡っていくのだった。職業柄、時には新しい髪型を考えながら登ったり、境内で小坊さんと将棋を指したりなどという話を聞くにつけ、まだのんびりとした時代の山寺や山麓の集落の空気が生き生きと流れていった。

その日、七時頃に山門をくぐると決まって杉木立の中から詩吟の声が流れてくる。老人は在所から標高差一〇〇メートル程の坂道を上って総門の赤門をくぐり、更に本堂まで標高差四〇メートルの石段を詩吟を詠じながら歩く。その足取りは達者で、ゆったり運ぶ足取りにもかかわらず、腰の定まった後ろ姿はすでに行者のそれであった。参道の両側には鬱蒼とした杉の林が続き、苔むした石垣や僧坊の面影を偲ぶことができる。朝靄の中に朗々と響き渡る詩吟はいかにも劇的であり、まるで舞台劇の一場面のような空気が流れていた。古びた石段の、あつらえたような舞台の上で聞く詩吟はまさに古刹の音そのもので、素朴な中に荘厳な空気をたたえた音楽である。時にその静かなる朗詠にパイプオルガンの響きを重ねたり、太鼓の響きの共鳴を聞いたりと、頭の中で渦巻く妙なる古寺の響きはふくよかに胸に浸み入ってくる。今日も元気で歩かれているなと思うたびに心が和んでいき、やがてこぼれんばかりの老人の笑顔に出会うとき、自然の中に調和する人間というものの美しさに魅せられていく思いだった。

百済寺夢幻

参道入り口に立つ大きな石碑に迎えられ、坂道の両側に続く家並みを抜けていくと坂は次第に傾斜を強めていくが、民家が尽きた辺りから突然森閑とした空気に変わる。この辺りの変化は実に鮮やかで、参道の持つ佇まいの様式美そのものといった感じである。やがて左側に小綺麗に整備された引接寺の山門が見えてくると百済寺の赤門は近い。

この寺で出家した井伊直滋の仏縁、寄進で建てられたという赤門は、その名の通りかつては朱く塗られていたというが、今ではすっかり落剥して数百年の風雪を経てきた時代の重みと共に枯れた味を漂わせている。板戸に打たれた鉄の鋲は錆びてボロボロになっており、その錆具合や組み合わせた臍や木口の摩耗具合から重厚な門の存在感とともに、門をくぐった人々の息遣いまでもが伝わってくるようだ。樹林に囲まれた古びた門は分厚く、脇の石組みの塀の重厚さは、城塞の片鱗さえ見せている。事実、門の脇に東西に延びている堀状の窪みは城塞化した寺のイメージそのもので、織田信長の近江侵攻に対して観音寺城の佐々木氏が全山城塞化を進めた名残である。

だが雪に埋もれた冬の蕭条たる風情、春の山桜の鮮やかさ、あるいは夏の蝉時雨の中に浮かび上がる参道の静寂、そして秋の紅葉に染まる甍の軒先と、四季折々さりげない表情を見せる寺は、遠い争乱の時代の名残を垣間見せつつも日がな静かな眠りに就いている。山門に座って緑に覆われた参道の坂道を見下ろしていると、道の両側に続くほの暗い樹林の中に一筋の道が川のように明るく浮かび上がる。そして平野部のざわめきが風の間に聞こえてくると、いかにも山寺に登ってきたという思いが一層強くなるのだった。

赤門をくぐると幅広い参道の両側に巨大な杉が立ち並び、一歩一歩と本堂のある高みに誘われていく。坂を上りながら、自分の足音が刻むリズムが次第に規則正しく整っていく中で、荘厳な、まさに宗教的とでもいうべき改まった空気が自然に生まれていく。自分の足音を聞いてその単調な響きの中から一つの想念がゆっくりと頭をもたげ始めるのだ。まさに時空を越えていく瞬間である。

阿吽の仁王像が両側で睨む二天門をくぐり登り着いた檜皮葺きの本堂は、山腹を背に枯れた風情で建っていた。樹齢さえ数えるのがおぼつかないほど古色蒼然とした杉の巨木が、落剥した木目の建物を護るように周囲の緑の中に溶け込んでいた。釈迦山百済寺、推古天皇の十四年、西暦六一五年に聖徳太子による御願で創建された古刹である。開闢に当たっては百済の僧、恵慈を咒願とし、またお堂も同じく百済の龍安寺を模したと伝えられており、開闢当初からの朝鮮半島との深い繋がりが想起される。

傍らに立つ菩提樹の古木や鐘楼そしていかにも由緒ありげな宝篋印塔などを配した素朴な伽藍配置からは、まさしく奥の院にたどり着いたという印象を受ける。

ふと本堂脇の小振りの祠が目に入った。いまにも崩れそうな数メートル程の石段の上に載る祠は、一見お稲荷さんか何かのようにも見えたが、気になるその佇まいに惹かれ近づいていくと、小さな板きれに書かれた「山王権現」の文字が目に飛び込んできた。一呼吸置いて不安定な石段に足をかけるや、一般の天台の荘園寺院とは異なった修験道の山としての厳しい顔が覗き、その刹那、崩れそうな祠から埃が立ち上るような気分がわき上がってくるのだった。やがて背後の樹林帯に微かに続く踏み跡に誘われるように踏み込んでいくと、山道が尾根の狭間に包まれるように、縫うように延びていた。それがこの寺の奥の院への回廊の始まり、つまり修験の道の入り口であった。

古代仏教寺院としての百済寺は、その後平安時代に入って比叡山の傘下に入り、天台の寺として生まれ変わるときに新たな局面を迎える。その重要な要素の一つが、比叡山の山中修行に習って行われるようになった回峰行なのだが、これに係る資料は伝わっていないと聞く。だが修行の形態は微かに比叡山の千日回峰行にその原型を偲ぶことが出来る。百済寺を取り巻く山や谷そして奥山の大萩や山麓の村々一帯は全てかつての寺領、荘園に含まれ、その範囲は東の峠を越えて大萩の集落から永源寺町との境になる筒井峠辺りまでに及んでいた。この事から比叡山での三年目までの回峰の距離一日あたり三〇キロという数字に照らした、山中修行の具体的なルートも微かに浮かんでくる。琵琶湖対岸の大寺院比叡山傘下の寺、いわゆる小叡山との位置づけは、厳しい回峰行の模倣を通じてより強固なものになっていったのだろう。

寺の境内は広く、南北の谷と東西の山腹に点在する僧坊の跡を偲ばせる大規模な石垣群からも容易にその規模は想像できる。その範囲は、径一キロに及んだともいわれ、特に本堂北側の北谷といわれる大谷の下流域に広がる僧坊群跡は、緩やかな山腹を切り開いた平坦地五一カ所が確認されており、その造成地の規模は一辺二〇ないし五〇メートルの方形など、具体的に様々な規模の建物跡が検証されている。所々に残る石垣も最大のもので高さ三メートル、長さ三〇メートルを超えるものもある。遺跡の残りの良い北谷の他にも東西、及び南に同様の僧坊の建物の跡が残っており、四谷の僧坊群合わせて合計二七五カ所に建物や墓地の跡が確認されている。団地のような造成跡が樹林の中に広がり、その隅に残る井戸の跡や僧坊の間を縦横に通う道の跡からは、活き活きとした僧侶たちの暮らしぶりなども浮かんでくる。全山の僧坊群に住まう三、四〇〇人の学僧の修行の風景に、仏教の研鑽に励んだいわゆる教育機関としての清冽な寺の印象と、厳しい山中での行を盛んに行った、力強く野太い山寺の印象とが同時に重なっていく。

この寺が歴史に大きな名を残したのはその伽藍を失う時だったというのも実に皮肉なことで、観音寺城の佐々木六角承貞に兵糧米を送ったことで織田信長の怒りを買い天正元年、一五七三年に全山を焼かれたと伝えられている。天下統一後の国造りの精神的バックボーンを模索していた信長にとって、祈願寺を近江の有力寺院に求めていくのは自然の成り行きだったかもしれない。そして百済寺の存在は信長にとってもかなり大きなものだったのだろう。だが当時の寺が近在の豪族の教育機関的な性格を持っていたことなどから、寺の僧侶のほとんどが反信長勢力の大名の師弟だったとも考えられる。当然佐々木氏の師弟や眷属も寺にいたはずで、当時信長がこの百済寺を特別な位置づけとして祈願寺にしようと考えていたとするならば、この敵対行為に対して当然の報復をしたことは想像できる。特別な思いの中で、やむを得ずに寺を焼いたのだろう、との思いもよぎる。それほどこの寺の佇まいは壮大な伽藍を想像させるとともに、深い自然の中に埋もれつつ点在する遺跡群からは人々の怨念すら伝わってくる。

本堂脇に一本の菩提樹の古木が風格を漂わせてどっしりと座っている。樹齢一〇〇〇年以上とも言われるその木は、よく見ると幹の中央は直径八〇センチほどの空洞になっており、すっかり苔むしたその空洞の淵を取り囲むようにして、そこから十四本ほどの幹が枝分かれして大きく繁っている。信長の焼き討ち当時の木の太さが中央部の直径そのもので、焼き討ちと同時に損傷したにもかかわらず、その後損傷したこの縁から枝が生育してずっと生き続けてきたのであった。今では本堂の庇に届くばかりに成長して、大きく葉を繁らせているが、その木の空洞部分を覗き込むたびに、生々しい焼き討ちの争乱の空気が忍び寄ってくる。

慶安三年、一六五〇年に井伊家の援助で本堂が再建されたが、その場所は旧本堂のあった場所よりやや低いところに移された。五重塔は焼失して以来再建されることはなく、旧本堂の南の小高い斜面に礎石を残しているのみである。そして塔が失われてその心礎の跡から非常に興味深いものが出土した。それは一つの古びた壺だった。蹲るというその古びた紫香楽の壺には、当時のこの寺の性格を特徴づけるような文様が描かれていた。高さ二〇・七センチの紐土捲上作りの壺の肩部には桧垣文が描かれていたのである。この文様は宗教的な行事、特に山岳仏教との関係が深いといわれている。それはまさに、山中修行が盛んに行われていた時代の名残そのものであった。かつて五重塔が屹立していたあたりは、今は荒れた杉林が続くのみだが、すくっと延びた天然杉の古木に往時の面影を偲ぶことができる。

尾根を絡みつつ辿っていくとやがて水音が樹林の間から沸き上がり、その水音が次第に近づいてくるといつの間にか谷沿いの道に入っていた。それが大峠を越えて東の山間に八キロほど入った奥の院、西ヶ峰不動堂のあった大萩へ抜ける大谷道であった。

大萩一帯は山中修行の中心的な場所だったことは、百済寺四至図という古図からも偲ぶことが出来る。大日堂、寺辻、不動堂、目蓮谷、大峠、雨明神、筒井峠、盤石などの場所は、日本コバという山の北側から押立山の東南にかけて、また犬上川南谷川の源流に沿った山や谷に、その道筋を求めることが出来る。

北谷の外れから大谷に合流し、大峠に向かう行者の姿が見える。今では谷筋は倒木や藪が絡み廃道化が進み既に道とはいえなくなっているが、時折現れる石畳の片鱗や石垣などから、かつての谷道の賑わいを偲ぶことができる。何よりも大谷というその名前の通り、幅広の傾斜の緩い谷筋は街道の空気を偲ばせるに十分であり、かつて百済寺の寺領が大萩、筒井峠辺りまで広がっていた頃の山中修行の隆盛が伝わってくる。さらにその道は峠を幾つか越えつつ国境となる奥山に分け入っていくのである。

大谷を詰め上げて登り着いた大峠は押立山、別名三千峠と呼ばれた湖東平野を見下ろすピークから南に派生した尾根を越えるもので、平野部から見上げるこの山塊は鈴鹿山地の西外れ、または奥山への玄関にふさわしい神秘性に溢れている。やがて峠を越えて下り着いた寺辻で角井峠道と合流し、奥の院のある大萩に向かうのである。大萩は今では廃村になって久しいが、村の西外れにある西ヶ峰不動堂が目蓮谷、つまり宇曽川流域に越える今の大良谷への入り口になる。そして大萩の南に聳える日本コバを巡る山稜が、回峰行の主要行場だったのである。筒井峠から衣掛山に延びる尾根上にあるピークに大岩が数個埋まっているが、そこが盤石であり一帯は横根山といわれている。山をよじり盤座で祈祷を行い、谷を詰め上げて再び峠を越えて湖東平野に戻っていったのだろう。どのような回峰ルートを取ったのか不明だが、微かに伝わる地名を追って山稜を巡るとき、確かに行者の足音を聞くような気がする。

百済寺創建の古代仏教の時代、朝鮮半島からの渡来人は湖東のこの地の開拓に汗を流して山際から見下ろす黒々とした樹林の原野に何を想ったことだろう。厳しい日々の開拓の中で、稲作に欠かせない水を求め、そして原生の樹林の凄まじさに恐れを抱く中で人々はやがて神の存在を求めていったのかもしれない。ここに信仰の原初の姿があり、それは見えざるものに対する強い畏怖と共に、自然と調和することの意味を日々の暮らしの中に見いだしている人々の精神的な拠り所となっている。この地に数多く見られる神社仏閣とそれを取り巻くように営まれる村落の佇まいの美しさは、そのような空気の中で長い年月をかけて研ぎ澄まされていったのだろう。

修験回峰と押立山

鈴鹿山地とは三重県との境、いわゆる鈴鹿山脈の西側の山々を言うのだが、それを山脈ではなく山地と言うところに一つの思いが込められているようだ。山脈と言うほど標高も高くはなく、規模もさほど大きくはない。だが短い尾根の連なり、入り組んだ尾根の間に広がる谷の表情の豊かさはたいへん魅力に富んでいる。春の芽吹きから夏の渓流の瑞々しさ、秋の広葉樹林の彩りの鮮やかさ、そして冬の静謐の中に埋もれる自然のどれをとっても、味わい深い絵を見るような風景が展開される。

鈴鹿山脈の東、三重県側が平野部から一気に隆起した地形であるのに比べて、県境からゆったり高度を下げながら、ゆるゆると滋賀県の平野部に落ちていく地形は非常に対照的である。複雑に入り組んだ谷間には昔から多くの山稼ぎの人々が入りこみ、そうした意味で山地はまさしく人の暮らしの場であり、〈登山の鈴鹿山脈〉という観光を主体とした三重県側のアプローチの雰囲気とは大分異なる。

その鈴鹿山地がゆるやかに高度を下げながら西に延び、やがて平野部に落ち込んで行く尾根の末端に盛り上がる山々は標高こそ低いものの、平野部から見上げるとまるでご神体か何かのように厳かな雰囲気さえ漂わせている。押立山はそのような山の一つである

滋賀県の地図を眺めると、湖が地図の中心に大きな面積を占めており、これは実に不思

議な印象を呼び起こす。湖国と呼ばれる所以だが、人の目というのは面白いもので、中心に何かあると必ず視線は周囲に向かって放射状に広がっていく。湖の周りの僅かばかりの平野部を取り囲むように山々が巡っている様子から、外界との交渉はどんな風に行われていくのかというように、人々の移動の姿などについて、何か一つの物語の舞台でも見ているように思いが浮かんでいく。

渡来人の祈りの地

湖東地方は上代から中世、近世にかけて様々な歴史物語の舞台となったところである。湖を中心として東西南北に開けた平野部の中で最も広大な湖東平野は近江米の主産地としても注目されるが、他の地域と比べてもっとも大きな違いは朝鮮半島からの渡来人の影響を強く受けていると言うことだろう。鈴鹿山地が平野部に接するところは、九世紀の中頃から愛知郡の大領主依智秦氏の勢力下にあった。実際の開拓は渡来人達の手で行われたと言われており、現在の愛知郡の山麓地域がその辺りになる。

湖東平野には朝鮮半島からの渡来人が数多く住み着き、その多くは百済からの渡来人だと伝えられている。またその時に渡来人とともに平群一族の末裔も定住するようになったという。平群氏の祖先はかつて奈良の平群谷に住まい、朝鮮に出兵した平群軍団がやがて朝鮮に住み着き、その後時を経て二世三世が日本に渡来したとも言われている。また蒲生野方面にも平群一族の他に朝鮮の首長のような高い地位にあった人も渡来しており、半島の特色を色濃く受け継いだ石像物などが残っていて誠に興味深い。

平安時代初期にこの辺りの土地を開拓した依智秦氏一族の、墾田地券の売買に関する文書も残っており当時の墾田の様子などを偲ぶこともできる。一帯は森林が繁茂し、大岩がごろごろするような荒れ地だったとの伝承もあり山麓の開拓には多大な労力が要ったことだろう。そしてその開拓に不可欠な水に対する信仰が、やがて中心的な祈りの対象になっていくのだが、人々がそれを日々見上げている山に求めたとしても不思議はない。それが押立山であり、のちに雨明神やどのう山などの呼び名も生まれた。大木と大岩に立ち向かっていくという日々の厳しい労働の中、神の存在を意識した日々の暮らしであったに違いないが、その信仰対象として大木に神の存在を見たのも自然の成り行きだったのかもしれない。その大木が百済寺の創建の起源だと言われている。

百済寺縁起に創建の話が伝わっている。聖徳太子が現在の八日市の瓦屋寺を創建された際に東の山に光るものを見てこの地を訪れるのだが、猿の群が枯れ木を取り囲み果物などを供えていたという。それを見た太子が、その木こそ聖なる木だとして地に生えたままの枯れ木を削り、観音菩薩を彫り上げるのである。以後それは植木観音と呼び習わされてやがて信仰の対象となり、のちに百済寺が創建されるのである。この場合、猿はまさに開拓の農夫達の権化であると思われ、大木を信仰の対象として崇めていた当時の様子が偲ばれる。寺領もない百済寺は平群氏一族の原始的信仰の時代を経て、それから三〇〇年ほど後に天台宗の別院になっていくのだが、それはちょうど依智秦氏の所領維持の必要性から大きな勢力圏に入ることによって支配を強化しようとする時代の始まりでもあった。

百済寺が天台別院となる頃から、鈴鹿山中を信仰の舞台とする行が盛んになっていくのだが、それがこの山域での修験道の始まりでもあった。この修験道はいわゆる回峰行で、その形式も作法もすべて延暦寺を意識し模倣したものであったという。この寺を訪れたときに拝観料を支払うとパンフレットをくれるが、それにも延暦寺との関わりについて簡単に記されている。それによると湖東の小叡山とも言われた百済寺は、一山境内の東西南北の四つの谷に僧坊が建ち並び、七間四面の本堂には楼門回廊が配され、傍らに五重塔も建つ偉容を誇ったものだったという。寺には地方の豪族の子弟が学僧として入山し、人口も増え寺領も朝廷などからの寄進も増え、更に荘園の規模はどんどん拡大していく。百済寺三百坊等と言われてその威容を誇ったと記録にはあるが、百済寺の東の谷を遡り、押立山南尾根の大峠を越えて日本コバの北麓の大萩、更に東の筒井峠にまでその荘園の勢力は及んだという。

回峰行は現在の百済寺本堂北にある不動堂跡から東の大谷を遡り峠を越えて大萩へ、そこから大日堂のあった寺辻と言うところから現在の宇曽川ダムに越える大良谷に向かったと考えられる。当時はこの谷は目蓮谷と呼ばれ、ここに入る行者を目蓮尊者と呼んだとも言うが、辺りの地形はなかなか複雑で、道を失って遭難した行者があったかもしれない。更に筒井峠から日本コバ北東の横根山付近にあった盤石と言う行場を経て、再び百済寺に戻ったと言うが、そのルートや場所は不明である。

古代仏教の時代から天台仏教の様式に変わって寺の経営は大きく変化していくのだが、室町時代の応仁の乱を期に寺の城塞化が始まる。元亀天正の乱で織田信長の焼き討ちによって寺は荒廃し、江戸時代に彦根井伊家の庇護の下にやや寺勢を盛り返すが、大きな発展を見ることもなく明治時代の廃仏毀釈の時代を迎えるのである。

以前、私は「近畿山想」と言う本の中で押立山の頂上から見下ろす湖東平野の眺めについて次のように記した。

「田園に散らばる集落は程良い間隔を保っており、まるで城のような雰囲気があった。ひときわ目を引くのは箕作山や太郎坊などの盛り上がりで、それは丁度あの大和盆地の大和三山のような万葉の世界にも似たのびやかさであった。うまく出来過ぎた箱庭のような風景であるが、かといって嫌みのあるものではなかった。それは多分、ただの田舎の風景にしか過ぎず、著名な自然景観やそれに伴うきっちり整った出来合の文化の型のようなものがないからだろう。押立山が登山的興味の薄いただの里山、植林山であるために却って、周辺の風景は一層その輝きを増すような気がする」と。

この風景は、押立山北側の宇曽川から谷を這い登り尾根をよじって登り着いた果ての印象なので、広々とした平野は厳かに、しかし素朴な佇まいの中にもしっかりと根を張った農村の暮らしは淡々と広がっているようにも思えたのだろう。道無き道を這い登って高みに立ったそのときの感慨は、修験の道こそさり気ない傍らの山や谷にあると言うことだった。

天台宗別院となって以来、仏教的悟りの境地を得るために回峰行が行われたにしても、この地に根を張った祈りとは、農耕のための水を得る祈りそのものだった。やがて織田信長によって全山が焼かれることで、この寺の一つの時代が終わる。以後山中修業という形で回峰行が行われることはなくなり、東の大峠を越えて大萩に通ずる峠道も時代とともに廃れていった。行場がどこにあったかも定かではなく、付近の日本コバを中心とする山域も、北麓の大萩が廃村になってから北からのルートが廃道となった。今ではこの尾根を辿って頂上に向かうのはまさに行場に足を踏み入れるようなものといえるかもしれない。

流れのほとりで

日本コバ周辺はある意味で謎を秘めた地域である。この山へのメインルートの藤川谷沿いのヒョウの穴、奇人の岩屋同様、北側の衣掛山周辺なども興味津々で、湖東の名刹百済寺の山中修行、つまり修験道が行われていた五〇〇年ほど前までは、この山域を行者が走り回っていたという言い伝えもある。こうした点から、洞窟も修験道との関係でその存在を考えてみるとなかなかおもしろい。

回峰行の行場の詳細なルートなどは不明だが、一部についてはそれとなく分かる。湖東三山百済寺の東の谷の入り口、不動堂跡がその出発地点である。大谷を遡って約四〇分で大峠に達し大萩に向かうのが第一段階。峠を越えて角井峠から下ってきた道との合流点に寺辻というお堂があったとの言い伝えがある。ここから東の道を辿りそのまま大萩へ向かったのか、それとも南の東光寺山、別名白鹿脊山へ向かったのか不明だが、東へ向かえばそのまま大萩から北の目蓮谷（現在の大良谷）や、南の尾根筋にあったといわれている盤石と呼ばれていた行場に向かうことができる。

仮に東の大萩に向かったとするとやがて横根谷の出合いを過ぎて目蓮谷、大萩との分岐に差し掛かる。ここに不動堂があったといわれている。そして南の尾根を辿ると目指す日本コバの山頂エリアである。この尾根は大萩にまだ住民が住んでいた頃ハイキングコースとして開かれたものだ。廃村になってから大分荒廃が進んでいたものの、成長した杉の伐採のためにまた再び少しずつ手が入り始めているようだ。

この尾根を登ること一時間ほどで八九七メートルポイントに達し、ここで樹林を抜けて大きく展望が開けるのだが、ここで西の横根谷側に明神岩と呼ばれる大岩が三個、斜面に並んでいる。尾根の上からは岩の頭の上しか分からないが、少し谷側に下ってみると直径七、八メートルほどの大岩が地中深く根を張っており、また高木が一本それを護るように寄りかかっているのが印象的である。私は初めこの明神岩を見たときに、その位置からしてこれが盤石の大岩なのではないのかと思ったのだが、回峰ルートのもう一つの地点筒井峠から南西に延びている尾根上に盤石の祈祷場があったことを知り、この明神岩から日本コバ北側の湿地帯、更に盤石から筒井峠に延びる尾根などに回峰ルートを重ねることになった。

行者は大萩に下ったあと先の不動堂前に戻って目蓮谷に入り、そして最後に押立山、三千峠を越えて湖東に戻ったのか。それとも筒井峠から直接北西の谷を下り、現在の犬上ダムに抜ける道を取り、更に西の山腹を越えて目蓮谷に入ったのかと想像は尽きない。勝手な想像がエスカレートして、日本コバを取り巻く地形に漂う独特な雰囲気の中で、時空を越える山旅が自由に解き放たれていく。

日本コバへの古典的ルートとも言える、もっともポピュラーな藤川谷の源流に広がる湿地帯にも一つの世界がひろがっている。元々この谷には古くから多くの人々が暮らしていたといわれ、谷の至るところに広がる平坦地や所々に残る石垣にその気配を窺うことが出来る。この谷に残る「藤川千軒」という地名は、家が千軒あったということではないものの、数多くの木地師が住み着いた谷であったことを伝えている。時代が下がって近代では愛知川沿いの日本コバ南麓にあった扇野鉱山との関係で、藤川谷の洞窟「豹の穴」の存在が取りざたされたりもしている。そしてその藤川谷の源流の湿地帯には実に不思議な印象が漂っている。

日本コバの北の麓になることから仮に北麓とし、そして湿地帯であることから「日本コバ北麓湿地」と呼ぶことにする。衣掛山から東西に延びる尾根が回峰のルートだったとして、南のこの湿地へ下っていったときの印象はなかなか新鮮で、そして物語的だ。

想像である。盤石の大岩の前で護摩供養を行った行者が南西の斜面を這い上がり、衣掛山のピークを東に越えて、藤川谷源流の湿地帯に下っていくのである。流れに喉を潤しそしてその後は奇人の岩屋へ向かったのかもしれない。錫杖の音が湿地帯に殷々と籠もり気味に響き、獣が藪陰からその行者の姿を見つめている。

植林杉が続く愛東町と永源寺町を分ける町界尾根の南側の湿地帯側は明るい雑木の海が広がっている。その対比が何やら時空を越える境目のような気分で、どんな景色が広がるのかと微かな期待がかかるが、衣掛山付近から五〇〇メートルほど西に進んだところで、南側の雑木の緩やかな斜面を下っていくと、突然に空気が変わっていく。

下るにつれ広い空間に飛び出ていき、辺り一面の枯れ葉と林立する裸木で、すっきりとした空気が次第に増幅していく。そしてその広がりがいったんすぼまっていくと、今度は別な方向からの浅い谷に出合い、その谷を西に遡っていくと次第に流れの音が聞こえくる。谷はどこまでも明るく、いたるところで小川のせせらぎのような音が響いている。この辺りで行者を流れに引き寄せたいところだ。

南側に何本か走る低い隆起を越えてみると、日本コバのピークから北西に延びる尾根が意外に高いところを走っていた。北側の町界尾根はこんもりとした感じで一見したところ独立した峰のような印象を受ける。そして北の大萩から登ってきている西の尾根を遙かに見上げ、まるで広い盆地の底に居るような気分が募っていく。

いつしか本流と思えるような太い流れに沿うように東に向かい、幾度となく雑木林を抜けると、次第に辺りが明るく開け始め、茅原に飛び出ていく。やがて前方に大きな木が数本立っておりその足下が光っている。流れはその光に向かって蛇行し流れていき、いつの間にか水の動きは消え、湿地に広がって水勢は緩んでいく。そして湿地の中の小さな池が木立の影を映しているのだ。底が浅いので池と言うよりは泉といった印象だが、こじんまりとした原いっぱいの幅で広がる水の中に立つ木と、周囲を取り巻く遙かな尾根とが醸しだす雰囲気が実に明るくのびやかである。盆地のような地形なので風は当たらず、すぐ南側に日本コバのピークの森が盛り上がっているが、この湿地帯の存在感にすっかり負けている。

こんな場所を舞台に修験の行が行われていたと想像するのも愉しいが、更に藤川千軒の賑わいなどに思いが及ぶと、新たな光景がこの豊かな自然の中で浮かび上がってくるようだ。自由な思いの中でそぞろ歩く鈴鹿の自然は、まさに対話の舞台そのものである。谷を渉り、雑木林をすり抜ける風の音にも、微かな息づかいを感じるような、そんな山歩きができるこの辺りだ。

里山から浄土へ

百済寺の修験者が山中修行を行った際に取ったルートは明らかではないものの、その一つとして、大峠を越えて日本コバの湿地帯の縁の尾根を辿って行き来したあと、日本コパの西に延びる尾根をまっすぐにたどって平野に戻るルートが考えられる。この東西に延びる尾根は大した上り下りもなく、また行場になるような険しい場所もないので修験ルートといった感じではないものの、一つだけ興味を引くものがある。それは尾根の西外れの白鹿背山というピークである。西の山麓には大覚寺という寺があり、山頂までは明瞭な尾根が登っているので、かつては人の通行がかなりあったのではないかと思われる。行者の回峰する山として考えてみてもいいような気がする。踏み跡があるとはいえ、今では半ば放置された荒れた杉林が尾根の下部を覆い、また上部には二次林の雑木林が広がっている。ただ山中修行をイメージさせるものとして尾根の途中に大岩があり、それは大萩南東の横根山にある盤石の大岩を連想させる。

西に向かう尾根の南側は杉の植林帯で、北側には二次林の雑木林が続くというものの、印象としては暗い山稜がある。時折明るく開ける伐採地からは遠く御池岳や犬上川源流の山々が望めるが、複雑に錯綜したそま道が紛らわしく、気を抜くと自然と足は歩きやすい尾根筋に向かってしまう。一心に気を集中させて尾根を黙々と辿るとき、こういった集中こそ山中修行の気分でありまた姿勢なのではないかと、在りし日の行者の姿を偲んだりもする。

南に分岐する尾根は全て堂後谷とその支谷に下っており、その谷の出会いの先には、古刹臨済宗永源寺派の総本山、永源禅寺がある。

尾根は次第に小さな起伏が多くなり、足取りや呼吸が乱れがちになる。里山にしては樹林の密度は濃く、雑木の髭のような小枝が生え込んで来るにつれ、殷々鬱々とした気分が漂うが、行者はこのようなとき、真言を唱え印を結ぶのだろう。そのような気分で南に広がる樹林帯に見入ると、板碑を祀るのにちょうどいい杉の巨木が辺りを睥睨している。そんなとき、改めて山中修行の気配が密かに忍び寄り足裏の土の感触を確かめたりするのだ。

暗い樹林の谷間に時折白いものがパッと浮かび上がる。春の花、タムシバだった。春のまどろみという表現がぴったりの、遠く揺らぐその華やぎは、白い花火のようだ。暗い樹林の中に余韻を引く白い花は、まさに山の神の手向ける贈り物のような気分だ。チラホラとイワカガミもその可憐な姿を見せ始めると、行者の回廊は次第に華やいでいくのだった。そして樹林が突然途切れると、すぐ目の前に白鹿背山の山頂部が見下ろしていた。

平野部から見上げる御神体然とした高度感はないものの、鬱々とした樹林帯を抜けて見上げる明るい山頂部は、特に光り輝いていた。一歩西に進むごとに明るさを増す行者道は、修行者にとって湖東に戻る安堵の気持ちを表すかのように、次第にのびやかな空気に包まれていく。淡々と踏み固められていく道の感触に忍び寄る里の気配を感じたりもするが、まだまだ先は長い。とは言っても、角井峠、大萩道に向かう谷道への下降点を北に見送ると、尾根の西端は近い。

再び樹林帯を行くが、もう尾根が尽きるのは時間の問題である。やがて道は南に向きを変え、ほんのひと足で白鹿背山山頂、三角点に着いた。今ではすっかり育った樹木に視界を遮られて暗い山頂だが、西の尾根を僅かに下ると大きく展望が広がる。

大きく眩い、そして実に豊かな眺めが広がっていた。満々と水を湛えた夕暮れの水田の煌めき、所々に黒々と聳える大小の山は、まさに大海に浮かぶ島のようだ。厳かな城のような雰囲気を放っている集落は、淡い墨絵の中の遠い点景となっている。ぼんやり漂わせる視線が思い直したように止まるとき、突然天地の間に広大な透明な空間が横たわっているのに気付く。それが空との境目も曖昧になった琵琶湖の広がりだった。西の果ては西方浄土。行者はこの尾根の果てで金色に染まる夕日の彼方に、まさしく阿弥陀来迎の情景を見たのに違いない。

白鹿背山への道

竜、猫、ハトなど動物の名の付いた山はいくつかあるが、鹿となるといかにも鈴鹿の山らしい感じがする。白い尻を見せながら飛び跳ねて樹林に消える鹿の後姿などから、その豊かな自然のイメージは大きく膨らんでいく。そして鈴鹿の由来もまた鹿との関係が深い。銚子ヶ口などの登山口である杠葉尾の橋の前の看板にもこのことが書かれている。すなわち〈天武天皇がこの辺りに足を延ばされた際に、二頭の子鹿が目の前に現れたという。あまりに可愛らしかったので首に鈴をつけてやった〉というのがその縁起で、それが鈴鹿の語源だとしている。そんな鹿の名の付いた山が鈴鹿山地の西外れ、湖東平野に山稜が落ち込もうとする辺りにある。白鹿背山《はっかせやま》（七五五メートル）という。愛知川右岸の明神山から続く尾根の西の外れで、山の麓にはこの山の名を山号に付した東光寺や、大覚寺などの古寺もある。

白鹿背山は西の山麓から見上げると地味な顔つきながらよく目立っている。角井峠を挟んで盛り上がる押立山と比べると山の形はもう一つだが、平野部から幾つかの起伏を見せながら山頂に延びる尾根は、目を凝らしてみると意外に手強そうな印象も漂う。実際はさほどではないのだが、里山、それも余り人の入らない藪尾根となると、よほど季節を選ばないとかなりしんどい思いをする。田植えの最盛期のこの時期であれば、水を張った水田が平野の彩りを一層鮮やかなものにしているだろうと、取り付き点の西尾根を背後に控えた大覚寺に向かったのがもう昼近くだった。

白鹿背山。白い鹿の背中の山という実に雅やかな字の並びだが、字面を眺めていると不思議な印象がある。大体が山の名というものは、その形などに由来する場合が多いのでこもそうかとまず思うが、山も尾根の形もまるでそのようには見えない。もっとも鹿の背中の部分だけを見て、どういう特徴だったかなどと判別できる人はまずいないだろうが、改めて鹿の背中を思い浮かべてみる。実はこの山の名は仏教縁起から来ており、血、肉が火に焼かれ弾けていくという凄惨な話が秘められている。

ある時、野火が起こり近隣の林に燃え広がったという。林に生息していた動物たちが火を逃れて逃げまどううちに多くの生き物が焼かれ、やがて火に取り囲まれて退路はひとつに。だがその行く手には流れがあり、深い淵になっている。対岸を眺めているうちにも火は迫ってくる。と、そのとき大きな白鹿が現れたのだという。鹿は体を伸ばして前足を対岸にかけ、自分の背中を橋に仕立て動物たちを渡らせ始めた。その間にも火は迫り、とうとう鹿の体が焼け始めるのだが、おおかたの動物が渡ったあと、最後に押っ取り刀で現れた兎を渡したあと、大鹿は流れに落ちていったという。この逸話を説いたのが入滅直前の釈迦で、ようやく話し終わったあとに駆けつけてきたのが、釈迦の最後の弟子である須破《すは》陀《だ》だった。釈迦は入滅前の苦しい息の下で最後の弟子に再びの話しを終えたあと、「大鹿は私、動物たちは弟子のおまえ達であり、そして遅れてきた兎は実は須破陀おまえそのものなのだ」と言い終えて入滅したという。

これがどのような意味を持つものなのか分からないが、その傷ついた大鹿、つまり釈迦を象徴的に祀るということが、山の名に表れているのかもしれない。白鹿背山は別名、東光寺山とも言い、まさしく寺院を象徴していることが窺い知れる。この山塊の麓、湖東平野の村々にはこうした逸話が伝えられている寺社が数多くあり、この自然の中で一種独特な空気を醸し出している。この山の名が山号となっている白鹿背山東光寺は今は浄土宗の寺だが、その壮大な伽藍配置は山寺にふさわしからぬ豪壮な気分に満ちている。愛東町平尾の集落を抜けて次第に傾斜を増す坂道をつま先上がりに登っていくといった感じである。標高差一〇〇メートル、雪のときに登ったことがあるが、森閑とした山寺の総門を見上げたとき、かつてのこの寺の前身、高野寺の頃には堂塔僧坊合わせて二九棟、信徒六ヶ村に及んだという壮大な寺の風景が一瞬甦った。かつては天台の寺だったというが、当時の本尊が白鹿背薬師だった。

大覚寺から山上に続く尾根筋は細々としたそま道が続くのみである。しかしそれすらも一部では大分怪しく、爽快な登りが続くというわけにはいかない。ただ、時折樹林越しに覗く湖東平野の風景がどこまでものびやかで、アップダウンのある暗い樹林の尾根筋を淡々と辿るとき、ほんのわずか奥山入りの気分も漂う。

緩やかな傾斜の途中に固まっているような大覚寺の集落を抜けて寺の参道に入ると、両側にツツジの垣根がずっと続いた。角井峠辺りから派生しているのどかな尾根の連なりを正面に、やがてこじんまりとした階段を上がって境内に入ると、巨大な天然杉が迎えてくれる。近江西国第十七番霊場、豊国山大覚寺。霊場、札所という呼称が不似合いなほど、ひっそりと小ぶりの本堂が建つだけの寺である。巨杉に囲まれた本堂は古刹の風格が感じられる。建物はつい先頃建て替えられたものだが、辺り一帯は緑が多く、いかにも山寺といった空気が漂っている。本堂の脇を抜けて東に口を開けている谷の出合いに向かうと、樹林の伐採が進みそま道が出来つつあった。やがてこの辺りの伐採も始まるのだろう。この谷筋や右岸の尾根筋に古道があったという話は聞いたことがないが、尾根をひたすら辿ればやがて白鹿背山頂上である。

迷う事なき一本の尾根。だが結構小さなアップダウンがあり、所々窓のように開ける伐採地から面白い角度に水田の煌めき浮かび上がる。暗い植林杉の斜面を登りきると今度は二次林の山肌に変わるが、意外に灌木が混じって歩きにくい。これはいかにも一種の行の道には違いない。ときおり暗い樹林の中にイワカガミの群が鮮やかに浮かび上がり、行の道を慰めてくれる。

やがて尾根が平坦になったと思うと、突然巨石にぶつかった。五、六メートルはあろうかという大石に山中修行の盤石の大岩のイメージが重なったが、この尾根筋を行者が辿ったこともあったのだろうか。日本コバ周辺から湖東に戻る道筋に、この大覚寺ルートが入るのか興味深い点だが、大覚寺の谷の入り口にあった石仏にその名残を感じたりもする。

六〇〇メートルのピークを登り切れば、そこには樹林越しに白鹿背山の頂上部分が盛り上がっていた。新緑に衣を替えた樹林の尾根をひたすら登り、更に明るさを増した灌木をひと漕ぎで樹林が途切れ、三角点直下の明るく展望の開けた尾根の上に立っていた。

展望台と実に素直に名付けられた場所は、その名の通り湖東平野の眺めが大きい。北に谷を挟んで押立山の重厚な姿が迫力だった。北の角井峠を越えたところにこの展望台への登山口がある。それは日本コバ山域への入山ルートでもあるのだが、いずれもあまり歩かれていないようだ。愛東町が観光ルートとして整備した折に、概念図入りの山名板が据え付けられたが、傍らの杭の黄色いペンキもほとんど剥げてまるで、強者どもの夢のあとといった風情が漂っていた。だがこの静けさはなにものにも代え難い。

初夏のような日差しを受け、水田の煌めきの中に山中修行の行者の視線の先のイメージを求めてみるが、あまりにも明るすぎる風景の中、難行苦行の想像はなかなか膨らんでこない。水田の間の黒々とした森は鎮守の社だろう。その間に字の集落が点在している。箱庭のようなのどかな風景の中で、キリッと構図を引き締めているのが、太郎坊宮のある箕作山や、あの佐々木六角氏の居城の観音寺山だった。初夏のような日差しの中でののどかな時間が流れていく。

三角点へは良く踏まれた道筋となった。最後の一登りで三角点に立ったが、何と言うこともない樹林の中の三叉路。三角点標石が埋まっているだけだった。北に下れば角井峠方面、そして南東は八大龍王の祀られている明神山を経て高野方面に尾根は続いている。明神山は雨乞いの山で、近在の人々が雨を乞い願って丸い石を一つずつ積んだ祈りの跡が、山頂の祠の前に残っている。

良く踏まれた道が南の小倉の集落に下っていた。やがて樹林をぬけ、伐採地からは大きく展望が開けた。愛知川の蛇行の両側に広がる水田の輝きがまぶしい。そして鈴鹿の奥山の峰峰も、明るい日差しの中に静まり返っていた。〈白鹿の池〉と勝手に命名している溜め池がある。この辺りの農業用水のためのものだが、山麓にはこうした溜まりがいくつも見られる。未だ灌漑用水を雨乞いにのみ頼っていた頃の名残である。白鹿が野火の火焔を浴びながら橋になり、獣たちを救ったという逸話にふさわしい静けさが漂っている。水面越しに見上げる白鹿背山は明るく静まり返っていた。

山麓に降り立ち旧高野街道の脇往還となる野道を行くと、緩やかな傾斜に開かれた田畑の間に平尾の集落の甍が見え始めた。代掻きに精を出すトラクターの音がのどかに青空に吸い込まれ、天の恵みをいとおしむような穏やかな声が飛び交っていた。顔を上げると鮮やかな緑の衣装をまとった御神体・白鹿背山が静かに見下ろしていた。

遙かなる回峰道

御池岳の西、御池川を挟んで南北に連なる尾根は御池岳の好展望台として知られている。その代表的な山が天狗堂、サンヤリなどの地味な里山だが、その尾根の西側に刻む谷の集める水が作る水系が犬上川（南谷川）水系である。この水系は天狗堂から南西に連なる尾根から北の斜面に水を集め、更に筒井峠から日本コバにかけての町界尾根からも水を集めるという大きな水系である。

また犬上川はこのほかに国道三〇六号線の県境から西の佐目辺りまで、道の南北に隆起する高室山や鈴ヶ岳などからの水が集まってつくる犬上川（北谷川）水系があり、これら二大水系の流域には、地味なそれでいてなかなか味わい深い山が連なっている。いずれも脚光を浴びる登山的対象になるような山ではないが、里山の穏やかさ、言ってみればのどかな日本の山村風景の一端を見せてくれる心落ち着く山系である。

ゆったりと低い山稜の間を縫うように流れる二本の犬上川は、犬上ダム北西の川相《かわない》というところで合流した後、更に下流域の八尾山や高取といった山々からの水を集めながら、ゆるゆると山間部から平野部に出てやがて琵琶湖に注ぐ。

南谷川の西側の最源流部の山々が押立山、白鹿背山ということになるが、これら山域のほぼ中央がちょうど日本コバの北、峠にある筒井峠付近になる。筒井神社付近はその昔、筒井千軒とか呼ばれたように多くの木地師が住み着いていたと伝えられている。峠付近の山腹には造成した建物の敷地のような平坦地も見られ、千軒という多数の意味を象徴する言葉の通り、多くの木地師が住んでいた様子を偲ぶことが出来る。筒井峠山麓の蛭谷には、全国の木地師の崇拝の対象にもなっている筒井神社があり、全国木地師の戸籍台帳のような「氏子狩帳」も伝わっており、この辺り一帯に営まれた共同体の規模の大きさが想像できる。筒井神社の鳥居の脇に鎮座している惟喬親王の巨像の余りにとても豊かなその表情から、やや時代がかったテーマパークのような雰囲気も漂うが、他に神社としてのご神体は祀られている気配はない。ただ、御神体とでも言えるような大杉が辺りに林立しており、樹齢を数えるのももどかしいほどの巨杉の佇まいは異様でもある。以前この杉の盗伐があり、それを警告する看板を見たことがあった。惟高親王の睥睨する神域で盗伐とは、全く畏れ多いことだ。

この峠の東に僅かに下ったところに不思議な印象の建物群がある。皇学園《すめら》という書道関係の全寮制の学校のようなもので、天狗堂から延びてきた尾根の末端近くの山腹に民家風の家が点在している。未だ新しい外観にも関わらず、既に人の住んでいるような気配は無く、ふと共同体という言葉と共にかつて筒井千軒で営まれていた暮らしのイメージなども重なる。

日本コバ一帯の山中修行の行場、いわゆる盤石がこの筒井峠南西の横根山にあるので、峠から湖東の百済寺に戻るルートの一つとして、天狗堂から延びてきた尾根を辿るルートが想像できる。犬上川水系の源流の山の一つ黒谷山を越えて犬上ダムに下るルートは宮坂峠経由よりも遙かに時間が節約できるのと、山を歩くもののルート取りの方法は感覚的なもので、長い行程の中では直線的に道筋をたどるのではないかとの想像は出来る。この場合は尾根がダイレクトに北東に延びていた。ダムの先は萱原神社のある萱原集落である。〈行者になったつもりで歩いてみよう〉ヒタヒタと足音が響き渡った。行者は筒井峠の下りを前に草鞋の紐を締め直し、水を口に含んだかもしれない。もっとも現在では、良い道が君ヶ畑蛭谷方面に下っており、ほどなく北側の尾根に沿うように建物群が見えてきた。道脇の建物も戸締まりされており人の気配が全く無い。尾根を背に木の葉隠れに農家のような家が数軒見えているが、ひっそりとした空気が漂っている。尾根の取り付きはその家の背後からで、静まり返った構内に入っていくのはなにやら不法侵入のようで多少後ろめたいが、他にルートが無いので通らせて頂くしかない。山腹に向かって延びている道を上っていくと、しっかり戸締まりされた家七、八軒が並んでいた。家並みを抜けると西の須柱谷を巻くように地道が続き、ほどなく東に大きく迂回したところで道は途切れた。北に登る山道に変わるとまもなく多賀町、永源寺町の町界の尾根に上がった。

切り開きのある道はまだ歩きやすく、北側の暗い植林と南側の雑木の明るい山肌の交互に視線を遊ばせながら東に向かう。全く地味な里山のたたずまいで、視界も閉ざされ淡々と樹林の尾根をいくしかない。やがて六八八メートルピークに登りかかると、やや雑木の生え込み密度が濃くなり藪こぎの気分だが、それも長くも続かず、程なく幅広の切り開きの尾根に飛び出た。

東の宮坂峠から来る尾根が幅広のまま北西の黒谷山方面に延びているので、ちょうどT字路にぶつかったような印象が漂っている。北西の尾根に入ると歩きやすい植林道が続き、五分ほどで東の切り開きからピラミッドのように屹立する天狗堂の姿が飛び込んできた。屹立する鋭鋒はまさに盤座《いわくら》そのものである。この山は堂の一字を持つように何か宗教的な特別な意味でもあるのではないとの思いもよぎる。山頂部に点在する大岩はまさしくご神体のようでもあり、厳かな雰囲気が漂う。初めて登ったときの印象は強烈だった、山頂部に繁茂するシャクナゲと地中に半ば埋もれている巨岩に圧倒された。毅然としたその姿は自然の神そのもので、修験道にとっては大いなる祈りの対象にもなるかもしれない。南尾根が御池川に一気に落ち込んでいるので、そそり立つといった印象をより一層強めている。サンヤリに続く尾根も屏風のように重厚な連なりで、背後の銚子岳から龍ヶ岳に続く山並みも青空の下にくっきりと浮かび上がり、前景の山肌の新緑の中で良い絵となっていた。

再び暗い樹林帯を行くようになり、ほどなく杉林の中の黒谷山三角点に着いた。尾根の集合点にも関わらず周囲は暗い植林帯なので山頂の雰囲気はなく、やや閉塞的な気分も漂う。南からやや西寄りに向きを変えた天狗堂の姿はいよいよ整ったいい顔を見せ、滝谷越しに見るサンヤリの質感もなかなかのものである。明るい日差しを浴びながら、山並みは静まり返っていた。どこかでのどかにチェーンソーの音が響いている。幾重にも重なり合った山並みの作る襞の濃淡が、地味な尾根の連なる風景の中で唯一のアクセントとなっており、ふと傍らに目をやるとチゴユリがしなびかけていた。

犬上ダム湖に下っている北尾根は、初めは伐採間もない眺めの良い緩斜面で鼻歌混じりで下っていくが、杉林にかかると樹林の密度が増すように見えるのか、次第に暗い雰囲気に変わっていった。ひたすら下り続け、やがて水音が聞こえてくると足下に醤油坪谷林道が近づいてきた。辺り一帯は植林の山で、暗い印象が漂っている。

日本コバ周辺から筒井峠に下り着いた行者が、そのままの高度をうまく保って北の谷間に向かおうと考えたとき、うまく尾根筋を拾っていくとこのようなルートが考えられる。しかし一方で、鳥越の別名もある宮坂峠を迂回していく道筋も当然浮かんでくる。

淡々とした林道歩きが続き、やがて小和田林道が合流すると板ヶ谷と名前を変えた谷はダム湖にむかって一直線に延びていた。萱原に向かう下山林道はこの頃ではすっかりレジャー地になってしまった。休みともなると湖岸に沿って車が並んで、今はやりのオートキャンプに興じる人々で賑わっている。釣り糸を垂れる人や、三脚を立ててカメラを覗く人の姿が風景の中に溶け込んでいる。周囲の緑を写した水面は鮮やかで、対岸のアカイシ北西の山稜がのどかに連なっていた。行者の時代であれば、山に囲まれた渓流沿いの道を淡々と歩いたことだろう。この道筋は永源寺町の君ヶ畑と彦根を結ぶ山間の主要街道だった。民話などを紐解くと、君ヶ畑の在所の娘が彦根の商家に奉公に出るため宮坂峠を越えていく様子などが描かれている。周囲の風景は、今とそう変わってはいないのかもしれない。

萱原の集落はのんびりとした空気の中に静まり返っていた。萱原神社の巨木のつくる陰が涼しげで、ふと行者も引き寄せられていったことだろう。川沿いにどんどん下っていけば、やがて川相でもう一つの犬上川、北谷側と合流した後は平野部に向かってひたすら下って行くことになるが、萱原の村外れでこのルートと外れて峠路を辿って平野部に出るのが深谷ルートである。

行者がこの深谷から湖東に出るという根拠は全くないのだが、深谷右岸の尾根を越える峠への上り下りがきわめて短いと言うことからあえて考えてみた。深谷右岸はつまり同時に宇曽川右岸にもなる尾根で、その尾根筋には向山、赤石などのピークも盛り上がっているので険路のような印象もあるが、実際は深谷が高度を上げながら源流に向かうので、意外に楽な峠越えになるのである。この深谷沿いの道をどんどん詰めあげていけば、やがて向山の北尾根に登り着いてしまうが、多くの間道、峠道を利用したそま道から、人の往来の様子などが思い浮かんでくる。今でこそ交通機関の発達で見向きもされない山道、峠越えだが、足が頼りの時代であれば、様々な往還が使われたのかもしれない。

犬上川に架かる橋を渡り暫く下流に進むと深谷に出合う。八尾山の南に切れ込んでいる谷で、最終的には本流は宇曽川との分水嶺になる向山に突き上げている。谷底はその名の通りかなり深く、林道は鬱蒼と茂った杉と、深い谷間の為に日の射さない暗い道筋が続く。

やがて八尾山への登路を分けると、ようやく樹林が途切れがちになり木洩れ日を浴びながら次第に深谷が眼の位置に近づいてくる。辺りが少しづつ開ける雰囲気から源流の近いことを予感させるが、行く手も山稜が立ち上がっており、平野へ越える峠道の右岸に大きな谷が開けてくる。多賀町が発行した「多賀町史」の付録に詳細な地域図があるが、その中でこの谷を【つつぬけ】と記している。出合の標高点が三二一メートルあまり、そして峠が四七三メートル。わずか標高差一五二メートルあまり。行者にとっては平地のようなものだろう。このほかにもタキ谷、ハゲ谷、ダンダラ谷など南の尾根に向かう谷がきれこんでおり、尾根を乗り越せば湖東の押立山がすぐ目の前にそびえ立っている。

橋を渡り荒れた林道を登っていくと、秦荘町、多賀町の町界になる尾根で宇曽川に越す山比古峠が視野に入ってくる。

そして最後の登りである。林道終点から暗い谷筋を一呼吸で送電鉄塔の立つ山比古峠に登り着く。多賀町・秦荘町町界尾根を北西に向かえば、向山から平野部に接する金剛輪寺背後の秦川山。南東方面はアカイシ。ここまで来ればあとは宇曽川ダム湖から平野部に下るだけである。

峠から南に下りかかると、辺りが大きく開け、ダム湖下流の展望が広がった。逆光の中に湖水がたゆたい、そのきらめきの遙か先に湖東の平野部がシルエットになって広がっていた。宇曽川の谷はすぐ足下である。抜け出ると山比古地蔵尊のお堂の前に下り着き、ようやく長い道のりが終わった。

この道もかつては南東の大萩に越える街道だったようだが、遙か昔、大良谷が目蓮谷と呼ばれた頃、湖東の百済寺の行者の山中修行のコースだったとも言われ、歩く行が盛んに行われた時代の空気を残しているのかもしれない。宇曽川の上流には菩提の滝という滝がかかり、かつて雨乞いが行われていたとの話も伝わっており、この辺りは様々な形で神との関わりがあった山域なのだろう。

霊仙山の幻

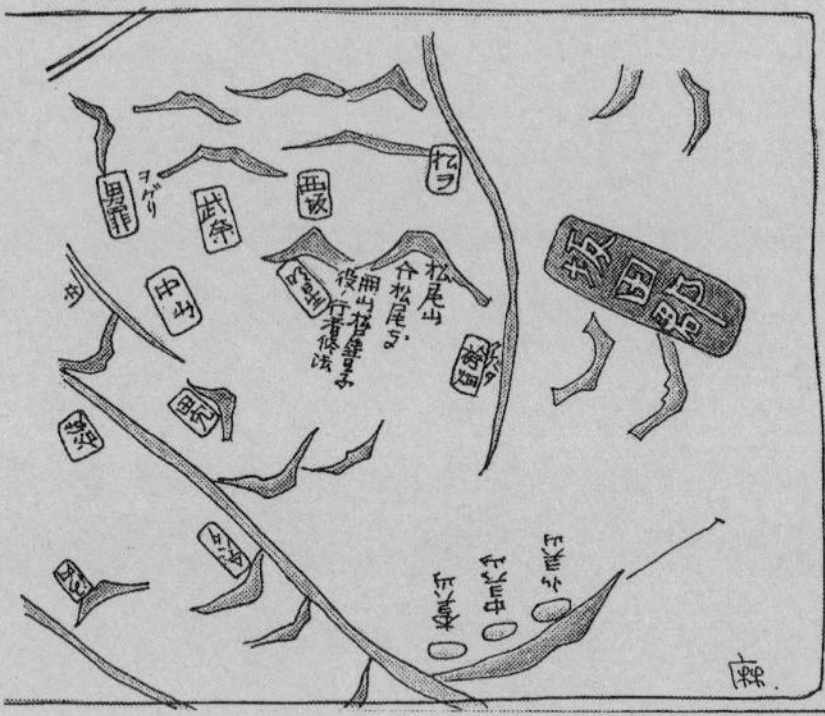

夢うつつ霊仙寺道

霊仙寺は一体どこにあったのだろう。そして参詣道は山麓の集落からどう登っていたのだろうか。そんなことをぼんやり考えているうちに随分と時間が流れてしまった。そんな抹香臭い話を除いても、この山を取り巻く自然の豊かさ、すばらしさはそれだけでも十分魅力はあるのだが、古文書の中に見る一つの表現がついつい夢、幻を垣間見せてくれる。「絶頂を三国ヶ岳という。近江、美濃、伊勢を眼下に見るゆえ名付ける。仏ヶ原、釈迦ヶ岳、阿弥陀ヶ岳、鰐口岩、鞍掛岩などというところあり。」（江左三郡録）

この一文の中の地名がどこなのかはっきり分かるのは谷山谷右岸にそびえる阿弥陀ヶ峰と、霊仙山塊の笹原を仏ヶ原と称したことのみである。他に鰐口岩、鞍掛岩などという場所の名からは、山上一帯のカレンフェルトの岩の様々な形に思いが飛んでいく。三国ヶ岳の名については、三国つまり美濃、伊勢、近江の国が境を接するピークは現在の谷山九九二・八メートルである。

広大な霊仙山塊の山上一帯の草原を仏ヶ原と呼んでいいのかどうか分からないが、仮にそう呼ぶとするとそれでは釈迦ヶ岳とは一帯どこを指すのか、また山上の一角にあったという霊仙寺はどこにあったのか。更にそれらの山への道はどこから登っていたのかとロマンや想像はどんどんエスカレートしていく。山上に寺があったとすれば、山麓の七ヶ寺の末寺との交流の道があったのだろうとの思いも頭に浮かび、そこから霊仙寺を巡る古道への思いが膨らんでいった。

かねて西尾寿一氏の「鈴鹿の山と谷」の第一巻に載っていた霊仙山一帯の概念図が興味を引いていた。特に榑ヶ畑道の霊仙神社の鳥居の脇から郡界尾根の北東の鞍部を越えていく廃道の破線や、谷山谷側の山腹の中程に延びる廃道の筋、そしてそれに繋がるビン坂峠の道や阿弥陀ヶ峰の聳える谷山谷右岸の尾根などは幻の霊仙寺道を想像するのに良い材料となった。特に霊仙山山塊に一直線に延びていく破線は何か特別な意味でも込められているようで興味津々だった。

山上にあったという霊仙寺、そのイメージを初めて具体的にかき立ててくれたのが一冊の小説だった。「霊仙三蔵」というその本の著者は、籔田藤太郎と言う仏教の伝承等について造詣の深い人だった。更に中島伸男氏の書かれた「霊仙山の歴史と伝説」、田中弥一郎氏の小説「マロニエの道」や先の古文書に出合うことによって、この山を取り巻く不思議な世界の扉を少し開けて覗いてみたいという好奇心が頭を擡げてきたのだった。山麓の集落に残された神社の碑文や地元に住まう人々の話、そしてなによりも霊仙寺の末寺のあった村の過疎化の有様を眺めながら、廃れゆくものと山上の寺のイメージが重なって霊仙山という山が、その存在を越えた精神的な象徴として頭の中に広がっていった。風聞の中には山上に寺はなかったというものや、あくまで伝説だというものもあるが、事実はともかくとして、あの山上ののびやかな風光の中で巡らす想像の物語は実に愉しい。

そして霊仙寺の存在と共に、常にこの寺のイメージを形作る上で欠くことの出来ない霊仙三蔵を併せてこの山域を考えるとき、いつの間にか頭の中の霊仙三蔵はこの山域を自由に歩き回っている。

息長丹生長人《おきながにゅうながひと》という名が、出家前の霊仙三蔵の幼名だといわれている。それ故に幼少の頃の三蔵を呼ぶ場合は長人と呼ぶのが正しいのだが、ここでは霊仙三蔵、あるいは霊仙という名をこの人物の名に象徴的に使っていきたいと思う。父親の息長丹生真人忍麻呂《おきながにゅうまひとしのまろ》は坂田郡の郡司と駅長を兼ね、霊仙山山系に広大な山林や、湖北の天の川一帯に所領を持つ裕福な豪族だった。長人はこのような環境の中で成長し、十三歳で出家得度し霊仙山山上にあったという霊仙寺に修行に入ったと伝えられている。やがて十八歳で奈良の興福寺に入るまでの五年間、霊仙山山中で修行の日々を過ごすのだが、彼が青春を過ごしたその霊仙寺と山上への道がどこにあったのかと思うとき、のびやかな山上風景は天上の原の世界に変わる。経を埋めたと言われる経塚山、大日如来を見たと伝えられる阿弥陀堂のあった阿弥陀ヶ峰を初めとして、いかにも道がありそうな峠越えのルートや当時の参道の様子を想像するとき、まさに時空を越える旅の入り口に立つ気分が沸き上がってくる。

ビン坂峠道

このルートは二万五千分の一地形図霊仙山に波線の登山路として標高七五〇メートル辺りまで道筋が記されている。かつてのそま道だろうが、当初から、かなりしっかりした道が途中まで残っているだろうと期待していた。

霊仙寺末寺の一つ、松尾寺山麓の上丹生の集落中程から橋を渡って民家の裏手から畑の間を割って川沿いの道をいくとすぐ荒れた杉林に入る。荒れている割には以前はしっかりした道筋だったろうと思わせる道形が残っていた。かつては榑ヶ畑と上丹生を結ぶ主要道だっただけに、峠直下の斜面を除いては比較的分かりやすい道である。宗谷川左岸の山影が樹林の間から覗いているが、辺りは鬱蒼として暗く、道端に転がる古い標識から（右から榑ヶ畑・霊仙山）の文字が辛うじて読みとれる。

尾根道に上がればあとはただひたすらに南東に登っていけば霊仙山の山上に着けるのだが、途中で分岐するそま道や獣道が多く結構気を遣うルートである。尾根を緩やかに葛折に登っている道には、深く抉れた古道の佇まいが漂っている。山上に延びているこの尾根道が一体何の目的で歩かれたのか、あるいは霊仙寺への参拝道だったのかなどと思いを巡らせながら、明るい雑木の森をゆっくり高度を上げていくと不思議な空気に包まれていく。

標高六二〇メートル辺りで杉の植林帯にかかると、自然林の尾根との境を行くようになり、やがて六五〇メートル付近で道が途切れる。そこまで道があったのが儲けもののような登りだっただけに、漸く藪山の登りになるかと思ったが意に反して、微かな踏みあとが山肌の南に向かってトラバース気味に続いていたのである。

この南に向かうトラバース道は非常に興味があったが、そのときは尾根筋のルートを詰め上げるのが先決だったので、忠実に南東に尾根を辿っていった。苔むした岩の間に灌木が繁り暗い雰囲気が漂っていたが、想像に反して藪はさほどきつくはなく、密やかな空気を愉しみながら淡々と高度を上げていった。

山の貴婦人と言われるヤマシャクヤクの艶やかさに酔う、良い気分の登りが続いたものの、標高九〇〇メートルを過ぎた辺りで突然波が押し寄せるような笹の盛り上がりに行く手を阻まれた。全くどうにもならないという感じで、尾根の左右にどう振っても行く手の笹海を避ける手だてはない。仕方なく腹をくってその海に突入することとなった。当時はまだジグネという笹の枯れる現象が余り見られない頃で、まともに受ける手強い笹に大層難儀した。その時はただ必死に、笹の抵抗を弱めるように体を低くして根元をかき分けていった。そして傾斜が緩んで笹海を割る僅かな隙間から覗いた霊仙本峰の眺めは参詣道を登り着いた場所にふさわしいものだった。やがて榑ヶ畑から登ってきた登山道に飛び出て、程なく霊仙神社の鳥居のあるお虎ヶ池にさしかかった頃には、ビン坂峠参詣道の存在を強く意識するようになっていた。

＊

ビン坂峠道の標高六二〇メートル地点付近の杉林で、尾根筋から離れていく山腹のトラバース道が気になっていた。その地形図に無い道筋は、当初はそま道だと思いながらも、不思議な道跡の佇まいに何となく惹かれるものがあった。梅雨時の蒸し暑いときで山蛭の襲来の恐れが充分あったが、思い切って足を向けることにした。

暗い杉林の中のビン坂峠道から南東の尾根を行くようになると、至るところで山蛭が首をユラユラ振って近づく素振りを見せている。意を決して、蛭よけの消炎鎮痛剤の貼り薬の匂いを振りまきながら草深い道を分けていったが、どうも気分が落ち着かない。喰われるのを判っていてある場所に踏み込んでいく獲物の心境だ。やがて標高六二〇メートル付近の杉林にさしかかり、ここから南に微かに続く踏み跡をたどることにした。

暗い杉林が続いた。かなりの樹齢を数える杉が、急斜面に密集していた。そしてその間を縫って三〇センチほどの幅の道が緩やかに登っていた。一体何の道なのか、恐らくそま道なのだろうと自問自答しながら辿っていった。やがて七〇〇メートル辺りからほとんど水平になったかと思うと次第にしっかりした道筋に変わっていった。そして驚いたことに道幅も広がり安定していったのである。標高七五〇メートル付近まで緩やかに登っていくうちに、道は幅四、五メートルほどもある立派な道に変わっていたのである。かなりの樹齢を数える巨杉も見られ、西の宗谷川対岸の山の気配も濃い。薮もほとんどなく、古道の感触を足の裏で確かめながらゆったり辿っていった。そしてぷっつりと道が途切れた。

目の前には浅い谷が口を開けていた。東の斜面を登って山上に向かうか考えていたが、取りあえずそのままトラバースして対岸に渡ると、辺りは明るい落葉広葉樹の森に変わった。今までの杉林に慣れた目には新鮮な森の空気が辺りを包み、響き渡る鳥の声に漸く張りつめていた気分が解き放たれていく。そして耳を澄ますと微かに人の声が聞こえてきた。登山道が近いようだった。榑ヶ畑道の七五〇メートルというと、見晴台辺りになる。そんなことを考えながら樹林を抜けると素晴らしく良い道に飛び出た。案の定見晴台の少し上辺りだった。榑ヶ畑道に合流後は、良い道を山上へというルートも勿論参詣道のイメージのうちだが、先ほど越えてきた浅い谷にどうも引っかかるものを感じるので戻ってみることにした。

浅い谷まで戻り、左岸の樹林帯を東の山頂方向に登っていくとまもなく谷の源頭が山肌に吸収されて、広い山腹を一直線に登っていくようになった。グングン視界が開けて、芹川沿いの右岸に連なる男鬼越えから高取、比婆之山といった山々が、屏風のように立ちはだかっていた。そして北側に続く近江カルスト台地の山並みがのどかに広がり、気分がどんどん解き放たれていく。

丈の低い灌木をわけながらゆっくり高度を上げ、やがて標高八〇〇メートル辺りで巨大な黒松に遭遇した。ちょうど赤穂浪士の江戸城松の廊下の刃傷の場面の松ノ木のような雰囲気で、幹は二抱えもあるだろうか。横に張り出した枝もかなり太く、長い。樹高は二〇メートル程はありそうで、このような場所にたった一本だけある黒松に何かの何か特別な意味合いがあったのか、実に不思議な雰囲気だった。

目印のようなこの黒松を過ぎた辺りから急に笹が現れ、次第に多くそして深くなっていった。こうなるともう焦っても仕方なく、ゆっくり隙間に体を滑り込ませて行くしかない。次第に空が大きく開け、落合の北、近江カルスト台地の山並みとその向こうの多賀の平野部が大きく広がっていった。

そして標高九〇〇メートルを越えた辺りで突然傾斜が緩み、平坦な笹原に飛び出ると同時に目の前に霊仙山の三角点峰が大きく盛り上がった。すぐ側に榑ヶ畑からの登山道が上がってきておりお猿岩も近いはずだったが、ビン坂峠参詣道から笹原に続く印象を持続させるため、そのまま郡界の尾根に取り付くことにした。

醒ヶ井方面の風景が箱庭のようだ。お虎ヶ池とその背後にそびえる霊仙山の大きさは、既に一つの物語になっている。広大な笹原の中に立つ鳥居と池。ふと古文書に書かれていた「峰に池三つあり」の箇所を思い出す。うねうねと続く笹原の中にお虎ヶ池の水面が光り、次第に辺りの風景は物語の世界に変わっていった。

三蔵の森から

谷山谷の一ノ谷及び二ノ谷を横道に上がり、更にそのラインから南の郡界尾根、霊仙山塊に真っ直ぐに登っていくルートは、天上に向かうというイメージが沸き上がり、山上にあったといわれる霊仙寺の参詣道のイメージが大きく膨らんでいく。かつて阿弥陀堂があったといわれている谷山谷右岸にある阿弥陀ヶ峰から経塚山に向かう最短ルートを考えた場合、谷山谷に下ったあと対岸の尾根を井戸ヶ洞から郡界尾根目指すのが一番早く、その中でも一番緩やかで登り易そうな尾根が八八四メートルピークに向かう尾根である。そしてこのピーク南東の裾に広がる平坦地とそこにある二つの池、瓢箪池と井戸ヶ池の存在により、なお一層、寺院伽藍のイメージが膨らんでいく。尾根ルートと共に、井戸ヶ池背後の谷筋を行くルートも非常に興味深いもので、最後に郡界尾根に乗り越す地点は峠状の地形も残り、ますます古道のイメージをかき立ててくれる。

いかにも郡界尾根を見上げる平坦な場所、池が二つあるので仮に池ノ平と呼ぶが、そこに霊仙寺があったのではないかと楽しく想像は脹らんでいった。ある年の晩秋の頃、霊仙三蔵の幻を追ってそこで一夜を明かしてみようと谷山谷に向かった。

上丹生の神明神社の銀杏の黄色が鮮やかに浮かび上がっていた。細長い集落沿いに延びる一本の道の先にどっしり座る霊仙山は、まさに座っているという表現がぴったりで、谷一杯にあふれるように盛り上がる姿に霊峰という言葉が重なる。郡界尾根の微かなくびれが望め、あの峠道を霊仙三蔵が歩いたのかなどと思うにつけ、辺りの空気は突然物語めいたものに変わっていく。

秋の深まりと共に屏風岩の岸壁に紅葉の名残が映え、両岸がそばだった谷の底を歩いていると、枯葉が音もなく落ちて来る。白い石灰岩に葉の当たる音が聞こえるほどの静けさで、のんびり歩いていると寒気を感じるほどだ。やがて左岸に口を開けるコウモリ穴が見えてくると一ノ谷出合いは近い。

近年、上丹生のN商店さんが盛んにかつてのそま道、横道を整備されている。谷山谷越しに見る阿弥陀ヶ峰の好スポットを「美ヶ原」と命名されたり、井戸ヶ池への標識を付けたりと整備が進んでいるが、昔からこの辺りは近在の人々の山仕事の場であったという。特に井戸ヶ洞上流部の森では盛んに炭が焼かれたようで、株立ちした木々がよく見られる。

谷山谷の一ノ谷から横道に上がる道はいいルートだ。水が豊かで、登りもさほどきつくはない。谷山谷対岸の阿弥陀ヶ峰の尾根を振り返り眺めつつ、やがてビン坂峠から迂回してきた横道と合流する頃にはすっかり登りのリズムが出来上がっている。

谷山谷左岸に東西に走る横道は古くからの杣道だが、ここから南の郡界尾根に上がる道筋が主なものだけでも屏風岩対岸尾根、鹿滑り尾根及び井戸ヶ洞ルートと三本もあるということが、何かそこに特別な意味でも有るような気がしてならない。道は無いものの、どこでも自由に歩ける樹林の快適な登りや、笹藪の中の獣道を辿って山上に向かう気分は格別なものがある。

すっかり葉の落ちた明るい谷山谷を見下ろしながら、次第に大きく迫ってくる阿弥陀ヶ峰の姿にも胸が弾んでいく。阿弥陀ヶ峰は山上に大日堂があったといわれる伝説の山で、霊仙三蔵が大日如来に遭遇したとの言い伝えもある。東の樹林の鞍部に広がる池もなにやら神秘的であり、すぐ南の谷山谷漆ヶ滝周辺の岩場の険しい行場の雰囲気と併せて、山中の寺の境内といった空気も漂う。

横道をそのまま東に進めばやがて漆ヶ滝から登ってくる一般登山道に合流するが、その手前の小谷出合いに綱が張られていた。まだ一般的ではない井戸ヶ洞の源流帯への一般通行を止めるものである。

谷の出合いから左岸の山肌をトラバース気味に登っていくと、じきに谷が明るく開けてくる。炭焼が入っていたことを示す株立ちした木々が現れる頃、南の高みに連なる郡界尾根に目が奪われていくのだが、谷間に流れるのどかさは一帯どこから来るものなのだろうか。腰から下を笹に埋めながらゆっくり登り続け、やがてすっかり葉を落として明るくなった樹林に包まれる頃に直径五、六メートルの池に行き当たった。これが井戸ヶ池であり一帯に広がる平坦地には実にのびやかな空気が漂っている。

西の尾根八八四メートルポイントに近いところにもう一つの池「ひょうたん池」が眠っている。鹿の足跡が乱れ野生の臭いが充満しているこの辺りは、森と言う程の樹林の密度ではないものの、緩やかな傾斜の幅広の尾根一杯に広がる樹林帯の醸し出す雰囲気はしっとりと落ち着いている。見上げると郡界尾根がのどかに連なり、経塚山から下ってくる尾根の裾がゆったりとこの平坦地に吸収されている。

井戸ヶ池南側の経塚山に向かう浅い谷を仮に経ヶ谷と呼ぶが、この谷筋はなかなか興味深いルートである。北西にあるもう一本の谷、井戸ヶ洞谷の急峻な谷筋とは異なり、藪のないゆったりした谷は里の峠のイメージが重なる。

池のすぐ南にある炭焼窯のあとを過ぎると谷筋は苔むした岩がごろごろして、いかにも古道の雰囲気が漂っている。良く踏まれた杣の踏み跡という感じの谷筋がずっと続き、やがて登り着いた峠状の鞍部からは郡界尾根と経塚山方面に深い笹藪が茫々と広がっている。

北側の谷を見下ろすと、谷筋は獣道が前後に入り乱れていた。人も獣も歩きやすい道筋を探すのは当然だが、霊仙山塊からこの平坦地に下るルートを考えたとき、やはり尾根筋の方が幾分楽なルートとなるだろう。たとえば、阿弥陀ヶ峰からここを経由して霊仙山山上に向かうルートを考えたとき、浮かび上がってくるのが経塚山と阿弥陀ヶ峰を視野に入れながら辿る山道である。

夕暮れ時、谷間の空が黄昏の薄闇の中に沈むのにそう時間はかからず、樹林を渡る風が梢を鳴らし気温は急速に下がっていった。テントの入り口からしばらく郡界尾根の縁に残る残照を感じていたが、闇の深くなる速度とともに吐く息の白さが増していった。

霊仙三蔵はこの池ノ平にどうかかわっていたのだろうか。小さなお堂でもあったのだろうか。十三歳から十八歳までの、ちょうど少年期から青年期にかかる頃、霊仙は何を夢みてこの山塊に佇んでいたのだろうかなどと思いを巡らしていると、密やかな井戸ヶ池の森がなんだかとてつもない歴史物語の舞台のようにさえ思えてくる。

夜が更けるにつれ谷間に鹿笛が盛んに響き合い、テントの入り口を開けると郡界尾根から谷の上空にかけて星が散らばっていた。シュラフから顔だけ出して星空を眺めていた時に感じた浮遊感や、湿った冷気が顔に当たる感覚が異様に濃密であり、冴え冴えとした星空の下で過ごした三蔵の森の一夜は長かった。

＊

朝、霜でしとどに濡れた笹原を抜け、井戸ヶ池南側の谷の右岸を上り始めた。苔むした岩を抱え込んだ樹林の山肌は明るい。登るにつれ、朝日を受けた阿弥陀ヶ峰の頭部分を見下ろすようになり、同時に井戸ヶ池の森は暗い谷間の陰に沈んでいった。山肌は藪もなく実に歩きやすい。右に谷筋を見下ろしながら、改めて古道の佇まいを感じていた。

やがて鞍部に登りつき、やや南西よりの笹の斜面にかかると右手上に経塚山がそびえていた。傾斜はさほどではなく笹がなければ全くの鼻歌気分で歩ける斜面である。先ほどの良く踏まれた峠状の鞍部からこの斜面にかけては一続きの道の印象さえ漂っている。さしずめ先ほどの峠は経塚山北麓にあることから、経塚峠の名が相応しいかもしれない。ただ、今は深い笹の斜面を獣道を探しながら登っていかなくてはならない。ほどなく阿弥陀ヶ峰越しに湖北の平野部がのどかに広がり始めた。伊吹山の根を張った山容がひときわぬきんでている。いずれも、霊仙三蔵の実家である息長丹生真人家の領地に含まれる地である。

一時間足らずで、冷気あふれる経塚山に登りついた。目の前に快晴の霊仙山三角点、最高点の巨体が静まり返っていた。郡界尾根の裾に刻まれた登山道の切り分けが笹原の中に光り輝き、それはまさに人間界の上にあるという天上の原を連想させる光景だった。北の縦走路の先に重なる美濃の山々も朝日の中に霞んでいた。静かな、墨絵のような淡い色調の中に弾けるような色彩が印象的だった。

登りついた霊仙山頂上の長閑さはどうだろう。眩い光の中に御池岳から天狗堂、湖東に連なる山々が静まっていた。「二〇町ばかりにして絶頂に至る。絶頂を三国ヶ岳という。」との古文書の記述がある。霊仙山塊の最高点とは違う位置、それが三国の境だが、仏ヶ原と形容した古の人々が見たこの絶頂の風景が霊仙三蔵の風景である。遙かな山並みを眺めながら、時間がゆっくり過ぎていった。

横道鹿滑り

谷山谷一ノ谷あるいは二ノ谷から横道に上がったあと、ダイレクトに郡界尾根に上がるもので、灌木の斜面は湿気が多いせいか鹿がスリップした跡が多く見られるため、便宜的にこのように呼んだ。この名を付けたときの印象は——下草も無く、苔蒸した潅木の斜面をゆっくり登っていく。ものの五分もせずに鹿の鳴き声、そして数頭で移動する家族。いい雰囲気に背中がゾクゾクしてくる。やや傾斜が増す湿った斜面には鹿のスリップした足跡が筋になって地面に模様を描いていた。すかさず、この斜面を（鹿滑り）と命名。——といったものだった。

横道を東に進むにつれて南に口を開けている二つの浅い谷が刻むそれぞれの尾根の両岸を登る。標高九五〇メートル辺りで灌木帯を抜けて広々とした萱原や笹原に包まれていく気分は爽快である。郡界尾根一〇一二メートルの独標点のピークがすぐ上に見え、北には伊吹山を初めとする湖北の眺めが大きく広がり、とても谷左岸の山腹の台地とは思えない雰囲気である。広々とした森のあちこちに鹿のしとねが点在し、木漏れ日溢れる苔蒸した樹林に浮かび上がる獣道は幻想的である。やがて灌木を抜けぐんぐん高度を上げていくと、笹原やススキの揺れる草原が広がりだし、辺りを見回すうちにやがて郡界尾根のピークに登り着くのである。目の前には茫々たる笹海が広がり、その海に経塚山や霊仙山の巨大な山塊がぽっかり浮かんでいる。登ってきた北の樹林の頭越しには阿弥陀ヶ峰と醒ヶ井方面の平野部が明るく広がっていた。

特に印象的なのが阿弥陀ヶ峰と井戸ヶ洞上の池ノ平の平坦部辺りの広がりで、乾いた樹林の色合いが周囲の山肌との境も曖昧に広がっている光景に、ふっと霊仙寺の甍の波が思い浮かんだ。

静謐尾根

屏風谷の対岸の尾根を辿るものは、霊仙山谷山谷から郡界尾根へ上がる幻の霊仙寺を巡る参拝道を訪ねるルートのうち、最後にイメージした谷山谷からの直登ルートだった。谷山谷の入り口にある屏風岩の、ちょうど対岸の尾根に取り付くものなので屏風岩対岸尾根と呼ぶのが適当だが、余りに味気ないので尾根上部に広がる静けさに包まれた高木の美林に因んで静謐尾根と呼ぶことにする。

谷山右岸に屹立する屏風岩を見上げていると、壮絶な岩場の印象と同時に山水画を見るような瑞々しい気分に包まれていく。樹林に包まれた岩場だということもあるが、はやりその尾根の先にある阿弥陀ヶ峰の印象のせいかもしれない。上流のうるしヶ滝が良い名所になっているので、このハイライトコースで白谷越えを経て霊仙山に向かうルートは一般的な登山コースになっている。

その谷山谷の入り口でハイライトコースを離れてしまうというのももったいない話だが、ここから南東の尾根を一直線に郡界尾根一〇〇二メートルポイントに向かうというのが、眼目である。かつて滋賀県彦根市多賀町の発行する「多賀町史」の付録図を見たときに、この屏風岩対岸の谷に波線の登路を見いだして驚いたことがあった。標高七五〇メートル付近まで続く道の気配に思いが膨らんでいった。その点線を霊仙山山頂部まで伸ばしていくと、残り一八〇メートルほどの登りでお虎ヶ池に到達するのである。谷の名は不明だが、標高四五〇辺りには巨大な岩場の記号があり、修験道の行場のような印象も沸き上がってくる。この谷の右岸に登路を求めてみようとしたのが静謐尾根だった。

登山道脇の樹林の斜面を登っていくとすぐ上に炭焼き窯跡があり、南東にかなり傾斜のきつい尾根が登っていた。すぐに樹林の登りだが、ゴーロを抱え込んだ山肌は意外に脆そうで、樹間を通して、屏風岩の険悪な顔が覗いている。落石を案じて鹿の気配に気を遣いながら登り続けると、樹林の中に花火のような紅葉が広がりだした。ビン坂峠から延びている尾根も立ち上がり、微かに八葉山方面の視界も広がり出す。やがて標高三〇〇メートル辺りで大岩が覆い被さってきた。まるで磐座のような雰囲気で、すかさず〈磐石の大岩〉等という言葉が頭に浮かんだ。

大岩の左を巻くと苔むしたカレンフェルトのゴーロの急登に変わり、樹林の紅葉の色合いも一層深みを増していく。大岩の上に延びる岩尾根から再び樹林の山肌を行くようになると、標高四四〇メートル地点で幅二メートルほどの良く踏まれた平坦地に上がった。この道筋は恐らくビン坂峠道から来るものなのだろう。

谷越しにビン坂尾根を面白い角度に眺めながら登っていくと、辺りは次第に明るい森に変わっていった。そして六四〇メートル付近で平坦な尾根に上がると雰囲気はがらりと変わった。尾根と言うより広いコバの森といった感じで、落葉した高木がのびのびと広がっていた。まだいくらか残っている紅葉も、名残惜しげに辺りを彩っているが、強い日射しの中に林立する高木の姿は冬を前にした一時の安息といった佇まいだ。

静かな森である。尾根の傾斜が緩いのでせっぱ詰まった感じが全くない。僅かに郡界尾根の頭が覗いているがまだここからは少し遠く、ここだけに幾分閉ざされたような空気が漂っている。〈静謐の森〉という言葉がふっと浮かんだ。

すくっと延びた高木の間をゆっくり登るにつれ、北の谷山谷の空間越しに、阿弥陀ヶ峰のピークが全容を見せ始めた。秋の穏やかな日差しの中で、樹林は陰影を含んだいい顔を見せていたが、標高九〇〇メートル辺りを過ぎると苔むした石灰岩が目立つようになり、傾斜も次第に強まっていった。山腹に獣の雑踏が入り乱れ低木も多くなっていった。そして突然傾斜が緩み、灌木をくぐると霊仙山本峰の巨体が目の前に盛り上がっていた。

南側に寄ると、逆光の中に笹海がざわめき、その間をぽっかり割って御虎ヶ池と霊仙神社の鳥居が頭を覗かせていた。経塚山へ続く笹の切り分けがのどかに蛇行し、どこかで人の声が笹海の上を滑っている。

北側の醒ヶ井から湖北方面も、西の湖東平野の広がりもすべて明るい日射しの中で輪郭が弾け飛んでいた。その中で霊仙山の樹林の山肌にはめ込んだ錦のモザイクが、霊仙三蔵に手向ける供花のように活き活きと浮かび上がった。

白い寝釈迦

「霊仙山に白い寝釈迦を拝観に行こう」などというとまるでお寺詣りのようだが、積雪期の大洞谷の源頭から見上げる霊仙山のパノラマは、まさしくそのように見える。霊仙山南側の谷底から見上げる、西峰、三角点、そして最高点に続く山波はたおやかな曲線を描き、釈迦の涅槃像そのものである。無雪期ならば灌木と笹で埋まった大洞谷の源頭は獣たちの園で、足を踏み入れるにはかなりの気構えが要るが、厳冬の頃には山上の白い楽園が忽然と出現する。霊山三蔵ゆかりの山にふさわしく、涅槃像のイメージを頭に描きながら辿る尾根筋に夢幻は巡る。

今畑ルートはかつての霊仙村の一つ今畑からアプローチする道筋で、霊仙山西南尾根の通称もある。霊仙村の入り口、河内にある霊仙寺末寺の一つ安養寺や落合の末寺、観音寺などの関連でこのルートを参詣道としてイメージしたのだが、笹峠から近江展望の急登を経て長く続く尾根を思うと、なかなか厳しい信仰の道である。ただその厳しさゆえに、次第に近づく涅槃の山塊には格別な感慨もわき上がる。峠から近江展望の急登を経て南霊岳から北尾根を下り、再び大洞谷の源頭から登り返して霊仙山のパノラマの世界に包まれていくのは、このルート最大のハイライトである。

厳冬の頃にこのルートを辿ると、日本海側の気候の影響を受けるのかなかなか好天には恵まれない。今畑の村跡を抜けて樹林の登りにかかると思い出したように太陽が顔を出すものの、すぐに隠れてどんよりとした空の下を行くことが多い。樹林の尾根を淡々と登るにつれ雪が次第に増えていき、最後の杉林を過ぎて谷を南に巻くところでは必ずワカンを着けることになる。

時々踏み抜く雪の深さは股ほどもあり、のんびりワカンの舟を漕ぎながらこの辺りの山々を人の歓声が飛び交っていた頃に思いを馳せ、次第に霊仙詣りの気分が高まっていくのだった。

このルートは時間の経過とともに独特な気分が募ってくるのが常だ。今畑越えは山仕事の道としてみれば支谷（行者谷）の源流へ抜ける道であり、コザトの山麓付近の炭焼き窯跡や、道筋の所々に残る石垣から昔の賑わいを偲ぶこともできる。だが、権現谷・支谷の出合いにある奥の権現の洞窟の社などをみると、祀られている役行者に修験の行が重なり、ふと霊仙山をめぐる宗教的な道筋に思いが膨らんでいく。これはもちろん単なる印象に留まっているのだが、この辺りに残る古くからの地名もそんな想像に拍車をかける。コザトの南にリョウシという山があるが、これは霊祉とも書ける。神の恵みを意味するこの言葉に、神の山のイメージが重なる。同じようにリョウシ付近のエンマ（閻魔）畑、ブットウジ（仏塔寺）など。そして極め付きはコザト北尾根のどん詰まり、すなわち霊仙山三角点の東の派生尾根、岩ヶ峰の直下にあるワニイワという地名である。これは明和二年、一七六五年に著された「江左三郡録」という資料にある地名で、鍔口岩との関係もあるのかと興味津々といったところだ。この文書には、仏ヶ原、釈迦ヶ岳、阿弥陀ヶ岳など、霊仙寺を想起する地名が山上に多くあったことが印されている。

笹峠からの標高差三二〇メートルの急斜面の登りは、四季を通じてなかなか厳しい。ほとんど一直線に登る尾根だが、積雪期のほうが却ってワカンの爪を効かせていくので登りやすいかもしれない。そして登り始めると同時にぐんぐん展望が広がっていく。この急激に開ける南の近江カルスト台地の展望は劇的である。鍋尻山の特徴ある円頂が、樹林の山肌に白い雪を填め込んだこの時期ならではのメリハリの効いた姿でキリッと聳えてなかなか新鮮である。権現谷を取り巻く低い山並みの遙か南に、茶野から鈴ヶ岳そして御池岳にかけての山塊が明るい日差しの中に静まり返っている。

近江展望の頭が近づくにつれ雪も次第に増えていき、白谷林道側への雪庇の張り出しも面白い。やがて白い要塞のような霊仙山塊が南霊岳越しに見え始めると、傾斜が急に緩んでのどかな雪稜歩きに変わっていくのである。

遙か遠くにちんまりまとまっていた白い塊が、やがて三峰それぞれの輪郭をはっきりし始めると、ふっくらした雪の質感も加わって大洞谷越しに広がる霊仙山全体が中空に浮かび上がっているように見え始める。やがて南霊岳から北の尾根を下って大洞谷に下り始めると、霊仙山のパノラマの中に包まれていくのである。

扇状に広がる谷の源頭は傾斜のある雪原の一番上に山のスカイラインが引かれ、収まりきった絵のような構図で広がっている。雪原にアクセントのように頭を出す潅木が遠近感を蘇らせてくれるが、大きな広がりの中では平面的な絵の前にいるような気がしてくる。目の前の山並みはまさしく寝仏の姿である。釈迦ヶ岳の寝釈迦ほど鮮やかな寝姿ではないものの、頭を右の最高点辺りにして足を西峰にするとイメージしやすい。三角点辺りはさしずめ肩先といったところか。この時期にこの山の姿を拝するために西南尾根を登る。大袈裟に言えばこれは一種の行のようなものかもしれない。この山で霊仙三蔵に出会うということは、そんな思い込みの中に遊ぶということなのだろう。

最後の登りにかかると次第に風が強まっていく。フードを絞り、ストックを差し込む手に力が入り始める。一歩一歩近づく山頂。西峰との鞍部下の潅木帯にかかると大きな雪庇が迎えてくれた。振り返ると南霊岳の直下の雪原に点々と自分のつけたわかんの跡が続いている。逆光の中に光り輝く南霊岳は、まさしく光背の中にある仏の姿のようである。

行者谷の道

河内から権現谷に向かう道筋には一種独特な雰囲気が漂っている。石灰岩の多い谷筋に水は少なく、そのほとんどが伏流になっているので水音もせず妙に殺伐とした空気が流れている。両岸高く屹立する岩場に風の音が響き合い、時に落石の不気味な音が混じり合っていよいよ陰鬱な気分が募っていく。しかし、紅葉の時期だけは格別である。暗い谷間に浮かび上がる赤や黄のモザイク模様の不気味な美しさ怪しさは、いかにも権現の谷にふさわしい密やかな彩りである。

両岸狭まった谷を二キロあまり進んだ所に奥の権現の洞窟があり、その脇に細い谷の入り口が出合っている。それが支谷、別名行者谷の入り口である。奥の権現は役行者を祀っておりいかにも修験道の名残を感じさせる。谷は霊仙山塊の西南尾根と、コザトの尾根に挟まれた谷で霊仙山に突き上げている。

上流に行くほどに広がっていく谷は、途中に炭焼き窯の跡や街道の石垣をイメージするような石組みが多く残っており、山稼ぎの人々で賑わったかつての風景が甦ってくる。芹川源流に近い今畑から笹峠越えでこの源流部に入る道があったといわれており、山稼ぎ華やかな頃の空気が偲ばれる。

最奥の二股から、その中間の尾根を辿れば霊仙山岩ノ峯への尾根に載ることが出来るが、最後の詰めの登りはかなりの急登になる。地元に伝わる地名ではこの尾根筋の詰めをワニイワと呼び、霊仙山最高点の東の尾根筋をワニイワノ峯と呼ぶらしい。これは古文書の「江左三郡録」にも出てくる鰐口岩のことだと考えられる。いかにも谷の名といい尾根筋に残る地名といい、宗教的なものとの繋がりが想起される。

因みに、現在通称として使われている霊仙山・岩ヶ峰の地名は、数年前に関西・新ハイキング誌35号の山行報告に初めて現れた地名だが、この場所にある石碑文をよく読んでみると次のように書いてある。右から縦書きで〈原告　ワニ岩ノ峯　被告　釈ヶ嶽ト云明●四十三年五月　建　是　岩●塔　南ハ霊仙領〉と、非常に興味深い文字が並んでいる。恐らくこの辺りの土地の境界を巡る裁判関係の判決を記したもので、覚えとして建てたものなのだろう。●は不明文字だが、何となく湧いてくるイメージで意訳してみると、「原告はこの場所をワニ岩ノ峯と云い、被告は釈ヶ嶽ト云う。明治四十三年五月是を建てる。岩―塔の南は霊仙領。」となるのかもしれない。ここで気になるのが地名のワニ岩ノ峯で、これは恐らく「江左三郡録」にもある鰐口岩のことで、これは鰐口岩ノ峯ということになるのだろう。同じく釈ヶ嶽は三郡録にもある釈迦ヶ岳と考えても良いのかもしれない。岩のゴツゴツする尾根は、まさしく岩ノ峯のイメージで、古文書に照らすと浮かび上がるワニ岩という文字の、その秘められた意味合いにも興味が膨らんでいく。またこの石碑の中にある「南は霊仙領」という記述に、かつて霊仙村と呼ばれた入谷、今畑、そして落合など三カ村の人々の結束が感じられ、更に裁判にまで持ち込んでいくというその行動力から、農民の〈惣〉という組織のイメージも重なっていく。

現在は白谷林道が標高八〇〇メートル付近でこの岩ノ峯に延びている尾根を寸断しており、長大な行者谷のイメージは無い。だが南の深い谷間の先に聳える鍋尻山の姿に目を奪われるとき、改めてその山深い空気に胸が塞がっていくようだ。

霊仙寺末寺・松尾寺へ

坂口の道

霊仙山を中心としてその末寺がぐるりと巡っている鈴鹿北部の山は、標高こそさほど高くないものの、麓の村から眺めるとまさにご神体かなにかのように密やかな気分が漂っている。霊仙寺の末寺七ヶ寺があったことは知られているものの、今では寺のあった集落は既に廃村になったところもありすっかり寂れている。その集落から山上へ向かう道は、昔の参詣道をほうふつとさせるいい佇まいが残っている。

松尾寺山は、霊仙寺にもっとも近い場所にある末寺ということもあって、当時は他の寺とはまた違った空気が漂っていたのかもしれない。霊仙三蔵が霊仙山の寺で修行をしていた折、松尾寺によく使いにやられたと小説では描かれている。上丹生に下って西の谷道を行ったのだろうか。里人の信仰を集めた末寺への道は、遙かに霊仙山の山塊を崇める不思議な空気に包まれている。寺へは東西南北それぞれ参道が通じていたと思われるが、しかしその道筋は西の西坂や東の坂口、上丹生といった集落からのもののみではっきりしない。

中山道醒ヶ井宿から、かつての巡礼道の賑わいを偲びながら南に向かうとすぐに家並みが途切れ、やがて古色蒼然とした木製看板の醒ヶ井小学校の門を過ぎると東側が大きく開ける。そしてニョッキリとまるで位牌のような雰囲気で盛り上がる阿弥陀ヶ峰に目を奪われ、ふと霊仙三蔵が大日如来を見たという逸話が思い出される。小川に沿った細い道は、三蔵の生地ともいわれている枝折の集落へ続いており、路傍の霊場松尾寺道の標識に、霊仙詣りの気分は次第に盛り上がっていく。

街道を南に、灰亀、朝倉、坂口といった集落を過ぎていくと、松尾寺山から延びてきた尾根がすぐ右手に迫っており、やがて下松尾の入り口で丹生川にかかる橋を渡って集落に入っていく。細い谷沿いに点在するこの辺りの集落は、日がなひっそりとした気配に包まれている。上丹生で行き止まる生活道という印象もあるのかもしれない。実際はその先に醒ヶ井養鱒場もあり車道も通じてはいるのだが、印象としては暮らしのある集落は上丹生までである。その先は霊仙山登山道となる林道歩きだ。

坂口で山側に登っている道を行くとすぐに家は尽き、じきに林道の入り口が見える。辺りは植林山で、その取り付き付近はやや暗い雰囲気が漂っているが、やがて松尾寺山への道標が見えてくる。

杉の植林地はすぐに抜け雑木の林の登りに変わると、しっかり彫り込まれた道形となる。四丁の丁目石が現れて左に宗谷川沿いの街道や集落の甍を見下ろすようになると、漸く参詣道の空気が色濃くなっていった。やが足下に石仏が鎮座する大杉を過ぎると程なく六地蔵堂の前に飛び出た。ここが六道の辻になり、ちょうど東の上丹生からの道も登ってきており松尾寺の玄関口となる地点である。山頂は北西の斜面を七〇メートルほど登ったところに三角点がある。

旧松尾寺の本堂跡は山頂方向とは異なり、六地蔵から旧参道を水平に南にトラバースした地点になる。松尾寺七不思議の一つ、一本橋という石橋を渡ると間もなく古びた急な石段が本堂に一直線に登っていた。かなりの傾斜で、前に登山者の転落死亡事故もあった場所だ。いかにも急峻な山腹の間に造った寺という様子である。

創建当初の本堂跡の正方形の礎石が眼に入ってきた。大きさの違う升を重ねていくように中央に向かうほど小さく四段に重なるその方形の礎石には不思議な印象が漂っている。また境内の隅には文永七年一二七〇年に建立されたという、側面に阿弥陀如来が彫られた石の九重の塔や宝篋印塔も残っている。花崗岩で作られた五メートル十一センチの九重の塔は、近江式装飾文様の三茎蓮の描かれている初期の頃のものとしては希少性が高く、この草深い山中で圧倒的な存在感がある。昭和三十五年に重要文化財に指定されている。

礎石の脇には「霊仙三蔵を偲ぶ　異国の土　中国山西省」と記した杭が立っており、霊仙三蔵ゆかりの寺への地元の人々の思いが伝わってくる。

西坂の道

西坂の集落は、長谷川伸の「番場の忠太郎」で有名な中山道番場の集落から東の名神高速のガードを潜ってすぐ、山裾に寄り添うように家々が固まっている。なだらかな丘陵状の尾根がすぐ背後に迫っており、尾根上の樹林の形が分かるほどの距離でまさに里山然とした佇まいである。やや高くなっている平坦部が松尾寺山の山頂部で、この山の反対側斜面を五〇メートルほど下ったところにかつての霊仙寺の末寺・松尾寺がある。

集落はずれの地蔵堂裏から登っている道はよく踏まれ、平野に点在する集落の佇いが実にのどかである。半ば土に埋もれた道しるべや欠けた石仏から往時の参詣道の賑わいも微かに伝わってくる。特に急な登りもなく、つづら折に上る坂道は山腹に包まれていくようで心地よく、微かに忍び寄る森閑とした寺の気配に引かれるようにゆっくりと高度を上げていった。時折ショウジョウバカマの緋色が薄暗い樹林の中に浮かび上がった。やがて疲れを感じるほどのこともなく、一本杉が見下ろす地蔵峠に飛び出た。

大杉の足下に半ば石室に埋もれたような石仏が座っていた。峠とはいえ明るく、幅広い尾根には既に山頂のような雰囲気が漂っている。だが、南側に宗谷川の谷を挟んで峙つ霊仙山への距離感は意外に大きいものがある。

尾根を北東に向かえば松尾寺山山頂であり、南西は八葉山から近江カルスト台地の山々に向かう道筋である。尾根から離れて北東に下っている道は旧松尾寺の境内に向かう道筋になり、かつての末寺への参道になる。まさに峠の十字路。耳を澄ますと、松尾寺へ使いに出された霊仙三蔵の足音が聞こえてくるようだ。

近江カルストの道

霊仙寺と末寺の関係にその道筋を辿ることによって、当時の人々の参詣の様子や山間の集落を巡る街道風景が甦っていくが、近江カルスト台地に点在する村々を思うとき、余りの山深さに一瞬とまどいさえ覚える。台地の中心にかつて営まれていた武奈、明幸そして男鬼を巡る道は、榑ヶ畑や霊仙村の人々が彦根方面に出る時に利用した表街道と一部重なる。西への山間の道は台地の端から峠を下り、仏生寺、荘厳寺といった山麓の集落を経て鳥居本、そして彦根方面に向かう長い道のりである。

男鬼には霊仙寺末寺の一つ男鬼寺があり、付近の集落住民の信仰を集めていたのだろう。松尾寺や霊仙寺との交流を考えるとき、草深い道に漂うのどかさの陰には、ひたすら精神の安寧を求めずにはいられない厳しい暮らしの現実があったのかもしれない。

また霊仙寺末寺の一つ荘厳寺も興味深い位置にあった。カルスト台地の西の外れの男鬼峠の西麓で、この大きな山塊を背負う格好で山間に孤立しているといった印象である。今でこそ車道が通いさほどではないものの、移動が全て人の足に頼っていた時代には相当な距離感があったことだろう。末寺の影は既にないが、地元に伝わっている堂の奥や不動谷の名前にその面影を偲ぶことが出来る。不動谷というそれらしき場所を訪れたことがあるが、非常に印象的なところだった。

男鬼峠からは既に新しい林道が北に下っていたが、一五〇メートルほど下ったところで北東に分岐していく谷沿いの細い踏み跡があった。次第に谷の腹を巻くようになり、谷の先に鳥居本周辺の山並みとその間を割る田園地帯が絵のように広がっていた。その中空のパノラマは非現実的な風景で、草深い踏み跡の先も不思議な雰囲気に包まれていた。初め微かに聞こえていた水音が次第に大きくなって、やがて岩を叩くような水音に包まれながら道は大岩で行き止まった。

大岩の割れ目から水が迸り出て細い滝をかけている光景は、驚くというよりは奇妙な、不安定な気分に満ちた云いようのないものだった。その想像もつかなかった光景に、しばらくは傍らに建つお籠もり堂のような小さな建物お堂にも気がつかないほどだった。樹林に包まれたお堂や谷に響き渡る水の音が、深閑とした行場の霊気を深いものにしていた。ふと何かの資料で見た堂の奥、不動谷といった地名が頭に浮かんできた。

霊仙寺に詣った後、松尾寺の九重の塔を拝観してから鳥居本の仏生寺辺りの集落に戻るという参詣人は、秋の午後の日差しを浴びながら地蔵峠までのんびりと登ってきたことだろう。北の宗谷川を挟んで霊仙山が大きい。一息入れたあと、旅人どの道を行こうかとは考えたに違いない。秋の日はつるべ落とし。途中で暗くならないうちに在所に戻りたいものだと。地蔵峠を北に下れば西坂で、後は平坦で楽は楽だがもうひとつ―。旅人には躊躇と云うより、男鬼峠の夕暮れの光景が頭の隅にあったかもしれない。

夕暮れと共に琵琶湖に氾濫する金色の輝きと、比良の山並みに沈んでいく太陽は旅人の待っていた瞬間だった。それはまさに阿弥陀来迎の世界であり、その思いに引き寄せられるように南の八葉山の山道に入っていくのだ。地蔵峠を後に、南の山道を行くようになるとすぐに草深い道となっていく。ここから八葉山までは樹林と笹の密集を抜けて、ただひたすら暗い道を行く。様々な思いが巡る道かもしれない。八葉山は八葉蓮華の名を戴いた、まさに仏の座す山で、深い樹林を行く〈行〉がここでは試されるのかもしれない。時折樹林の間から覗く向山、男鬼山などカルスト台地の山々は、うねうねと果てもなく続いているように見え、そして遙かに仰ぐ霊仙山に仏の涅槃の姿が重なったことだろう。

やがて尾根を下りきって、番場の青龍の滝からの道を合わせると旅人は漸く一息つく。ここからは長い山間の道を行くのも良いし、そま道を拾って向山の東の峠を越えて男鬼山の裾を捲いていくのも良い。特に秋の頃であれば、峠を越え錦秋の山肌に包まれて彷徨うようにカルスト台地の外れに出るのが味わい深い。

柳沢峠の手前から、南の浅い谷を登っていくと直に峠であり、更に西に一登りで向山の山頂である。近江カルスト台地のシンボル的な山の一つだが、この山名が興味深い。何に対して向かうのか。男鬼山に対してなのか、あるいは比婆之山に対してなのか。さほどの疑問ではないかもしれないが、このような素朴な命名にこそ、そこに住む人々の素朴な思いが込められているようで何か気になる。そういえばこの山域に面白い標識があった。西尾寿一氏の「鈴鹿の山と谷」のカルスト台地の項にも、「東西」と刻まれた石碑のことが触れてあったが、私も「東」という文字一字のみ刻まれた碑を男鬼山の南で見たことがある。どのような意味があるのか、不思議だったが、恐らく山の名同様に様々な思いが込められているのだろう。

すでに登る人も稀な忘れられた里山である。西麓の善谷町から見上げるとなかなかの山容の向山だが、これといった特色のない地味な佇まいである。ただその静けさだけは捨て難い。西の善谷町から松尾寺へ向かうとすれば、辿ってきた向山東の峠はずいぶんと近道になる。ふと柳沢峠から八葉山の東を巻いて寺に向かう人々の群が目に浮かんだ。

雑木林に木漏れ日が満ちて、すばらしいプロムナードそぞろ歩きといった風情の続く向山南面である。ゆるやかな勾配に笑いざわめくように笹が揺らぎ、やがて背中を押されるような、寂寥感漂う樹林の谷に降り立った。ドリーネの縁をトラバースして男鬼山西峰に向かいながら、次第に体を取り巻く空気が重くなっていった。

樹林を渡る風の音と木漏れ日が交錯する中、ふと我を忘れる瞬間がある。なにを思うでもなく、ただぼんやりと足下に目を落とし、そして次に仰いだ空の青さに目眩を覚えるように立ちすくみ、辺りの静けさに引き込まれていく。里山の風景の中にいつしか人の姿を追い求めながらも、二度とは見ることはないその暮らしの風景。淡いもどかしさを感じながら、体を取り巻く空気の重さに足が鈍っていく。

男鬼山西峰を過ぎ南端の台地に飛び出ると、うねうねと続く山波の上に巨船のような霊仙山が浮かんでいた。頭の中を風が通りすぎていく爽快感と疲労感の中で仰ぐ霊仙の山は神々しく、ふと気がつくと目の前に比婆之山が地味な顔つきで盛り上がっていた。それは廃村となった男鬼の人々の産土《うぶすな》の山であり、神の祀られた山であった。

夕暮れ時、カルスト台地の西外れ男鬼峠に立ったかつての旅人は、ある一瞬を待っていた。遙かな比良の山並みにかかった太陽が最後の光芒を放ち始めると、琵琶湖が光の氾濫の中でざわめきだし、落日と共に金色の輝きに包まれていく。中空に満ちているその阿弥陀来迎、浄土の世界の中で、旅人は霊仙寺詣りの功徳を感謝しながらその輝きに向かって一心に合掌したことだろう。

霊仙世界に遊ぶ

ある年の秋、鮮やかな林道の色が笹原に浮かび上がる頃に谷山谷から郡界尾根に上がった。目の前に広がる笹の大海原とその上に盛り上がる霊仙山の姿に我を忘れていた。この広い風景を眺めるたびに、歌のリフレインのように浮かぶ文句がある。

「霊山、当国にて伊吹・霊山・比良・綿向とて四ヶの高山なり。九礼畑より三〇町ばかりにして絶頂にいたる。絶頂を三国ヶ岳という。近江・美濃・伊勢三国を眼下に見るゆえ名付ける。仏ヶ原・釈迦ヶ岳・阿弥陀ヶ岳・鰐口岩・鞍掛岩などというところ有り。峯に池三つ有り。」明和二年一七六五年に著された「江差三郡録」の一節だが、漢語調の硬い表現の中に描写されている広大な風景から、墨絵の世界のような幽玄さが漂ってくる。

目の前の風景はこの文の中の仏ヶ原という描写と重なるのだが、三郡録に記されているそれぞれの地名から現在の場所をある程度想像し、また地元に伝わる地名などから、その場所を推定することもできる。

釈迦ヶ岳は大洞谷の源頭から眺めたときの霊仙山最高点から三角点、そして西峰に至る起伏が、まさに釈迦の涅槃の形、つまり寝釈迦の姿に重なる。山の形から山名を付けるというのは、たとえば鈴鹿山脈の釈迦ヶ岳などがよい例である。次の阿弥陀ヶ岳は谷山谷右岸に聳える阿弥陀ヶ峰であろう。地元に伝わる霊仙山古絵図には阿弥陀ヶ峰の阿弥陀堂が描かれている。鰐口岩は霊仙山最高点の東に派生する尾根から、南のコザト方面に南下する尾根の最上部辺りを指すことが、「多賀町史」の付録図に記されているワニイワの地名からも想像できる。最後の鞍掛岩がどうもはっきりしないのだが、榑ヶ畑登山道から山上台地に上がった直後に出会う大きな岩にその面影を重ねたりしている。お猿岩などと呼ばれているが、馬の鞍に似ていなくもない。

のびやかと一言でいえばそれで尽きてしまう表現なのだが、この非現実的とも言える広大な笹原に特別な感情が入り込んでくるのは、やはり霊仙三蔵のせいなのかもしれない。

笹が深いので登山道の切れ込に人の気配を偲ぶだけだが、目を凝らしてみると経塚山の山頂部に人影が動いていた。経塚山に蛇行しながら登っているのが印象的である。尾根の西に寄るとこの池ノ谷のメインスポットであるお虎ヶ池の窪みが見えはじめた。時折風に乗って人の声が聞こえる。滅多に藪山ルートでは遭遇しない大勢のグループだと、華やいだ空気に引かれるように近づいていった。

鹿の道を辿り細い隙間をすり抜けていくうちに、思いの外多くの人が集まっているようで、笹壁を越えると池の畔には人の輪が出来ていた。なんでも山麓の下丹生の在所の人々で、年に一度の霊仙詣りの祭だそうだ。挨拶を交わすや、一升瓶を持つ先達のような人に御神酒をなみなみと振る舞われた。

霊仙詣りは、昔から山麓の村々で行われていたことは知っていたが、年中行事として今に続いているとは思わなかった。聞くと、地元に住む人々も世代が変わるにつれ霊仙山に登ることも無くなったということで、もっと地元の山に親しみ、村興しのような行事にするつもりで最近始めるようになったのだという。年一度の新たな霊仙詣りである。

霊仙詣りでよく知られているのは彦根市久徳に伝わっているもので、これは伝説に端を発している。

庄屋の久徳どんの妻のお虎は大蛇の化身だった。お虎がお産の際に産室を決して覗くなと言われたにもかかわらず、久徳どんは覗いてしまう。これによって人間界にいられなくなったお虎は霊仙山の池に帰ってしまうのである。お虎は霊仙山に向かう道すがら、世話になった入谷、今畑そして落合へ挨拶に立ち寄り、その際に櫛、簪、こうがいなどをお礼として残していったという。その櫛などは今でも残っているそうだ。お虎は帰る際に、子供が七歳になったら山上の池に連れてきてくれと言い残していき、やがて子供が七歳になって久徳どんは子供共々霊仙山の池のほとりに立つのである。しかし大蛇姿になったお虎は現れるや、すぐに子供と一緒に池に姿を消してしまうのが顛末。その後地元ではこの池をお虎ヶ池と呼ぶようになり、霊仙三ヶ村と榑ヶ畑では毎年夏になると土用見舞いとしてお虎ヶ池へ詣るようになったという。また同じような話が他の地域でも伝わっており、それも庄屋の久徳どんが久徳城主の久徳左近の守に変わって伝わっているなど、バリエーション豊かなものになっている。

霊仙詣りの方法も色々あるようだが、共通しているのは竜神信仰がその背景にあることだろう。毎年八月一日にお参りする際、御神酒を青竹の筒に入れて持参する。池に着くとお神酒を池に供え、代わりに池の水を持ち帰るのだという。やがて村に戻り、多賀大社から巫女を呼んで持ち帰った水で湯立する神事を行ったそうだ。

この話の中でふと気になったのが、池に供えるお神酒のことだった。前にお虎ヶ池に供えられていた酒瓶を見て、酒は池の中に注ぐのかどうか考えた。池に注げば水は濁り、まあ見方を変えれば汚すと言うことになる。実はお虎ヶ池には「おとら白水」という話もあり、その話では米を研ぐのである。そこでは、お虎は伊吹の弥三郎と夫婦になっており、年に一度の逢瀬の時に飯を炊き饗応することになっている。酒の注ぎ入れと同じように池の水を汚しているのである。池を汚して竜神の怒りを買うという雨乞いの目的がふと頭に浮かんだのだが、実際にはそのような話になっていない。そうなればなかなか面白いと勝手に思っているだけである。

結局大蛇になったお虎が、酒を注がれて酔っぱらって暴れて、その怒りで雨が滴ることになればうまく辻褄が合う。そんなことを思いながら、こちらもすっかりいい気持ちになって、霊仙詣り御一行の賑やかな宴を後に足下怪しく、三蔵の山に向かった。強い日差しと酔いで突っ張った顔が夏の記憶を呼び起こし、いつまでも余韻を引いていた。

霊仙詣り池巡り

「峯に池三つ有り」

霊仙山の山上にあったという寺、霊仙寺を巡る話は古文書の世界に端を発したが、山上の広大な笹原に立つとその大伽藍が目に浮かんでくるようだ。どこかにその遺構があるかもしれないなどと夢を見ながら山腹の藪を漕いでいると、時空を越えて霊仙三蔵とその世界に包まれていく。ビン坂峠道を辿るうち自然と導かれていく古道にその参道の気配を重ねたり、山上の池の回りに伽藍やその時代の空気を重ねてみたりと、のびやかな霊仙山一帯の空気に包まれる時間はなかなか味わい深い。

経塚山にはかつてお堂があり、そこに経が埋められたとの言い伝えがあるが、そこに多くの学僧などが生活・修行する光景などを重ねるのはやや無理があるように思う。そこに住むには生活用水の確保のため、川の流域や谷筋に住居を定め、また風害などを避ける地形を選んでいくのが一般的である。そのような場所を霊仙山山上一帯に探していくと、改めてその条件の難しさに立ち止まってしまう。

山上一帯に水場を求めるとすると、やはりその石灰岩質のカルスト地形と伏流水の関係に思いがいく。だが早々都合よく水が湧き出ている場所があるわけでもなく、今でも山上の水場確保は困難である。それではやや高度を下げてどこかの谷筋はどうだろうかと、北の谷山谷への斜面や、西南尾根に口を開けている大洞谷の源頭辺りを探っていくのだった。

そんな折りにふと頭をかすめたのがお虎ヶ池の光景だった。水の流れ込む川はなく、天水などが集まった自然湛水の池であり、どんな渇水の時期でも枯れることはないと云う。山麓の村々には昔から様々に語り継がれてきた伝説の池でもある。霊仙神社の扁額を掲げた鳥居もあり、霊仙詣りのお神酒が供えられる神の池なのである。登山道の脇にあるのでやや汚れた印象もあるが、神の池であるならば飲んで飲めないことはない。まして古の時代の池である。汚水にまみれるということはそう無かったのではないか。そんなことから山上にある池を一つの手がかりとすることにした。

そこで頭に浮かんだのが「江差三郡録」にある〈峰に池三つあり〉の記述だった。山上に顕著な三つの池があったのだ。勿論一つはお虎ヶ池であり、記述者は山上の一角にまとまった存在としてその池を見ていたに違いない。近くにあるはずだった。辺り一帯は深い笹藪であり、どこかに必ず池が眠っているはずだった。

池の側に適当な平坦地が広がっていれば、そこに寺の建物があったとしても可笑しくないと、まるでおとぎ話のような糸口を探してガサゴソと笹埃を被る日々が続いた。やがて、鈴鹿藪山の池探索の経験豊かな人々によって明らかになった池は、意外にもお虎ヶ池から経塚山に向かう登山道のすぐ脇と谷山谷へ越える北東に延びる旧道沿いにあった。

池の情報を得て数日後にビン坂峠から山上に向かったのは、むせ返るような新緑の頃だった。やがて登り着いた群界尾根を東に進みながら、東の経塚山と南に聳える霊仙山本峰のたおやかさに改めて山上寺院の面影を偲んだものだ。笹の間を割る筋は登山道であり、うねうねと続くその筋の先に経を埋めたという山があった。更にその筋から分岐するように浅い谷の切れ込みが郡界尾根の鞍部に向かって続いていた。南からでは判りにくい地形で、北西から見下ろして初めてよく分かる地形だった。それが郡界尾根を越えて井戸ヶ洞から谷山谷に下っていく谷筋だった。

石灰岩の点在する尾根の南寄りから経塚山方面を見ると笹の海原が実に広い。のびやかなその光景は、まさに古文書にある仏ヶ原の世界そのものである。経塚山から延びている尾根を北西方向に眼で追っていくと、笹海がぽっかり丸く空いていた。間違いない。双眼鏡で覗くと水面が広がっていた。ちょうど谷山谷に乗り越す谷筋の経塚山寄りの斜面になる。辺りはかなり深そうな笹だ。真っ直ぐにコンパスを合わせて目の前の斜面を下り出すとすぐに笹海に飲み込まれた。潅木も混じり合って漕ぎづらい藪だ。五、六分で深いドリーネに降り立つと、目の前に笹海の縁が盛り上がっていた。獣道を辿って上がり込むとちょうどそこが池の前で、まさにぽっかり笹海を割って水面が広がっていた。

大きい。直径七、八メートル近くはあっただろうか。水が十五センチほど溜まった池にはお玉杓子が蠢いていた。水辺には鹿の足跡が乱れ、辺りには獣の匂いが立ちこめていた。南には笹の頭越しに霊仙山本峰がどっしり座っていた。実に良い場所にある。経塚山のほぼ北になる場所で、まさに経塚北池という名が的を得ている。

この辺りはかなり広範囲に平坦地が広がっていると判る。池ノ谷という谷の左俣になるこの郡界峠の鞍部を越える峠道は、様々な意味で興味深い地点である。榑ヶ畑から登っている登山道沿いに見下ろす大洞谷は、やがて左に分岐して山上の一角お虎ヶ池付近から池ノ谷という名に変わっている。「多賀町史」の付録図では、その池ノ谷が左右二股に分かれるところがそのまま経塚山と郡界峠への分かれ道になっており、経塚山は池ノ谷右股を詰め上がった地点になる。池ノ平という名は、いかにも池の集まっている平坦地といった印象が漂う。

池を後に南に五分ほど手強い笹藪を潜ると、実にあっけないほど簡単に登山道に飛び出た。そして経塚山方面に暫く登り池ノ谷の源頭とおぼしき地形の見当をつけて道の脇から体を乗り出すと、実にみごとに池が広がっていたのである。それが経塚山の足下にある経塚池だった。この池も大きく、東西十五、六メートル前後と細長く、霊仙山を視界に入れながら縦位置に延びる笹に囲まれた池は良い絵になっていた。お虎ヶ池を起点に池ノ谷左右の谷にそれぞれ池が一つずつという事実が語るものは何であるのか、興味はますます募っていったが、次に辿る道筋は既に決まっていた。

池ノ谷左俣から郡界尾根の鞍部を越えていくルートは、西尾寿一氏の「鈴鹿の山と谷」第一巻の霊仙山周辺の概念図で興味深い廃道の点線で示されていた。郡界尾根の鞍部に峠の記号も鮮やかに示され、尾根の北側の谷を下る波線は井戸ヶ洞から横道に達し、谷山谷・うるしヶ滝コースに合流していたのである。勿論道などは全く無く、辺り一面深い笹と灌木の原が広がっているだけである。

郡界峠越え

郡界尾根に上がって辺りを見回すと、いつもの事ながら不思議な空気に包まれる。深い笹の大海原が太陽の照りつけを受けて眩しく煌めき、その海に浮かぶ経塚山や霊仙山の巨魁が静まり返っている。空は広く、そして山上の海原から見下ろす琵琶湖や平野ののびやかさにいつしか酔っていくようだ。

笹海に光る池の輝きも物語的で、ふっとお虎ヶ池の伝説や霊仙三蔵の物語が甦ってくる。考えてみると藪山の池巡りなどと自虐的な山の歩き方は、まともな神経では続かないかもしれない。その一瞬一瞬に何かを夢見るといったように、急がず焦らずに時間を過ごしていくような方法が合っているのだろう。行き着くこともあれば、そうでないこともある。全て運次第といったところだ。

郡界尾根の鞍部は池ノ谷左俣の源頭になるが、峠に向かって下り始めると意外に笹が深い。呑み込まれる、といった感じで急斜面を笹を倒しながらどんどん下っていった。しかしよく見ると獣道が幾筋か通じており、それを旨く拾って峠に下り立つとそこだけ切り開いたように広くなっていた。何かの目印のように苔蒸したカレンフェルトの間に木がぽつんと立っていた。

良く踏まれた道筋が峠を越えていたが、北の井戸ヶ洞に向かって下っている谷筋は深い笹でびっしり埋まっている。左岸の尾根の腹沿いはさほどのこともなさそうだが、谷の中心を通っていたという道の跡を辿るのが目的なので、真っ直ぐ下ることにする。目指す八八四メートルのピーク直下の平坦地池ノ平に池があるはずだ。明るい二次林の谷の先には霊仙三蔵の山、大日堂のあったという伝説の阿弥陀ヶ峰が明るく輝いていた。それにしても伸びやかな谷の風景だ。井戸ヶ洞谷の両岸の尾根の灌木の混じる笹の斜面の醸し出す雰囲気はどこまでも明るく、そしてのどかだ。

笹を押し倒すように下り始めると、足下が届かなくなるような笹の深さだった。ほとんど笹海に潜っていくようになるが、やがて足裏に堅い感触が伝わってくるのには驚いた。北側の谷なのでまだ笹は湿っているところがかなり多いが、それでも確かな道の感触が所々で伝わってくるのだった。傾斜がきつくなると再び笹に潜り落ちていくようだった。せいぜい十五分程だったのだろうが、ひどく長く感じられた。やがて深い廊下帯のようなしっかりした道の跡に立っていた。広いところで幅三メートルくらいはあろうか。特によく踏まれた道跡には藪はなく、周囲の笹海を眺めているとそのギャップに奇妙な感覚が沸き上がった。

再び下り続けるうちにやがて傾斜は緩み、やがて雑木林に変わると笹藪が途切れ、まもなく広々とした平坦な空間に飛び出た。素晴らしく気分の良い林が続き、振り返ると郡界尾根が遙か上に連なっていた。

樹林の中に木漏れ日を受けた水が光っていた。直径三メートルほどの二つの池がつながっているのだが、真ん中が括れているので瓢箪のような形に見える。まさに瓢箪池だった。明るい雑木林にぽつんと広がる池は幽玄さはないものの、気持ちの良いコバの雰囲気に包まれている。辺りには炭焼きが入っていたことを偲ばせる株立ちした木が多かった。

やや下流に下がったところにも直径五、六メートルの池がある。池の真ん中に木が一本取り残されたような小さな池で、辺りは笹の海である。井戸ヶ洞にあるので井戸ヶ池となったが、上丹生の人の話ではこの辺りでもかつては盛んに炭が焼かれたという。時間が止まっているような静けさの中、笹海の先に霞む山並みに見入っているとふっと力が抜けていくように気持ちが安らいでいく。

周囲の斜面や井戸ヶ洞谷からの水が集まって出来た池なのだろう。ふとこの池のある平らな場所、つまり池ノ平に並ぶ寺の伽藍を思い浮かべてみる。経塚山へも一登りであり、阿弥陀ヶ峰から谷山谷に下り、更にうるしヶ滝のルートから横道を経てこの井戸ヶ洞の上流、池ノ平に通う道筋がおぼろげながら見えてくる。ますます霊仙三蔵の気配が忍び寄ってくる。

だが生活の場所としてここはどうだろうかと思うにつけ、やはり水のことが気になる。この一帯はドリーネのような窪みが多く見られるが、その中に一つ興味深い縦穴があった。瓢箪池のすぐ側の山側に直径一メートル、深さ四メートルほどの穴だった。ほぼ垂直に落ち込んでいる穴で、まるで井戸のような感じだ。かつては水を満々と湛えた井戸だったのか、この井戸ヶ洞谷の由来となった井戸なのか、と想像は尽きないが詳しいことは判らない。

井戸ヶ洞から横道に合流すると阿弥陀ヶ峰がぐんと近づいた。横道から望む三蔵の山は全山樹林に覆われ、これもまた神秘的な風情を醸し出していた。ふと気がつくと、黄昏の日差しの中で紅葉が鮮やかに輝き、猿の喧嘩騒ぎが谷に響き合っていた。ふと霊仙三蔵が修行をしていた十三歳の頃に思いが飛び、彼もまた猿の声を聞きながら歩いたものかと、また呆けたようなことを思いながら足を速めていった。いつの間にか猿の声が止むと、染みいるような静けさが戻り、残照を受けた紅葉は更に凄みを増していくようだった。

霊仙三蔵と街興し

日本人でただ一人三蔵法師の称号を得た高僧の出身地が霊仙山山麓の米原町だということは知る人ぞ知る通説となっているが、実際は霊仙三蔵の実像は謎に包まれている。だが歴史的な史実として残っている事跡から、想像の糸を手繰っていくことはなかなか興味深い。そして地元の町ではこの郷土の偉人をもっと良く知ろうと有志が集まって顕彰会を作って勉強会を開いたり、三蔵の修行した中国五台山との交流を図ったりと、より明瞭なその実像を形作りつつある

興味深い新聞記事を眼にしたのが、その実像の扉を開けるきっかけだった。それは「霊仙三蔵の顕彰碑修復終わる　中国五台山」「霊仙三蔵の塑像完成、中国五台山で開眼法要」というものだった。それによると仏教の最高位【三蔵法師】の称号を得た霊仙三蔵の遺徳を偲び、大津の石山寺が五台山に一九八七年に建てた顕彰碑をこのほど修復し、合わせて霊仙最期の地と言われている霊境寺に安置される塑像が完成し、開眼法要を行ったというものであった。

中国の五台山というと霊仙三蔵が最後を迎えたと言われているところだ。そのような場

所に行く人々がいるのかと、急に霊仙三蔵を取り巻く周囲が生き生きとしてきた。

小説の世界では霊仙は自由自在に霊仙山を駆けめぐり、やがて学僧として奈良から唐に羽ばたいていく様子が描かれる。彼の地ではサンスクリット語の能力を認められ、やがて「大乗本性心地観経」の訳行でその名声を高める。その後遣唐使がその写経を持ち帰り嵯峨天皇に献上し、また天皇が次の遣唐使に金を託したことなどが史実として記録に残っているが、歴史の表面に出てくるのはこの経文に関してだけである。滋賀県石山寺に伝わっている「大乗本性心地観経」がこれで、ここからその当時の様子を偲ぶことが出来る。霊仙が皇帝に認められて、三蔵の称号を得て周囲の妬みを買っていくことや、皇帝の暗殺後に五台山に逃れてそこで毒殺される、などという話は小説の世界なのだが、史実と虚構の境が曖昧なところから、この人物を取り巻く一種独特な空気が生まれていったのかもしれない。

実像、虚像を取り混ぜて年表的に霊仙三蔵を追っていくと、米原町の枝折付近で息長氏丹生真人一族の家系に七五九年に生まれたことになっている。十三歳の時に霊仙山山上にあったという霊仙寺で出家得度し、その後七七三年に奈良の興福寺に入り修行を積み、ようやく八一一年に唐に遣唐留学生として渡ったとされている。

遣唐留学生の一員として空海、最澄とともに唐に渡った霊仙は、卓越した才によって既に梵語（サンスクリット）を習得していたので、入唐当初から憲宗皇帝に認められ優遇されたという。その後「大乗本生心地観経」の受筆ならびに訳語の重責を果たしたことで三蔵法師の称号を贈られるのだが、このことを期に霊仙の運命は大きく変わっていくのである。霊仙の後ろ盾となっていた憲宗皇帝が暗殺されると、霊仙の身に危険が忍び寄ってくるのだが、当時の中国仏教界における霊仙への見方が好意一辺倒ではなかったことを偲ばせる。やがて身の危険を感じた霊仙は五台山に逃れ、そこで仏教の研究を続ける一方帰国の時期を待つことになる。だが霊仙の再三の帰国願いも許されることなく、結局八二七年に五台山霊境村の霊境寺にて没した言われている。一説では毒殺されたとの風聞もあったようだが、はっきりしたことは分かっていない。と、このような話になるのだが、この物語を核に地元で顕彰の動きが出てきたのである。その背景には、各地でも取り組みが行われている故郷や地方の見直し、再生というような一連の動きもあるのだろう。

先年、坂口から松尾寺巡礼道を辿って松尾寺を訪ねた折り、境内に「霊仙三蔵を偲ぶ異国の土　中国山西省」と墨書された杭が立ち、花が手向けられていたのを思い出す。そこに霊境寺から持ち帰った土を埋めたのだろう。

将来、里に霊仙記念堂を、また霊仙山の頂上には霊仙三蔵の像を建てる構想もあるというが、このほかに中国の山西省の寒村、霊境村を訪ねての交流も視野に入れているらしい。霊境村一帯は樹木の極端に少ない山地で、現地に植樹をしたり、地元の小学校に文房具を送ったりする事も考えているという。霊仙三蔵が取り持つ縁は、それは一つの仏縁には違いない。

近江四方山

いにしえの近江

周囲を山に囲まれ、そしてその中央に広大な面積を占める琵琶湖。滋賀県の地図は眺めているだけで何やら物語の舞台のような空気が立ち上ってくるが、その舞台の幕を開け少しづつ時を遡っていくと、現代の街角から鮮やかに歴史の物語が浮かび上がってくるようだ。一つ一つの風景の中に古代から中世にかけての息遣いが感じられるのは、この地が今も古の頃と変わらぬ豊かな自然の中に、埋もれているからなのかもしれない。

渡来人、いわゆる朝鮮半島から帰化した人々の末裔の多く住む滋賀県湖東地方は、鈴鹿山麓の穏やかな風光の中に、当時の名残をとどめる遺跡や寺院、そして古墳が数多く点在している。時にさりげなく佇んでいる神社の社が帰化人を祀るものだったり、こじんまりとした屋敷森のような集落のすぐ背後に迫る鈴鹿山地の四季折々の彩りが、この物語の舞台をよりいっそう鮮やかなものにしている。

夕暮れ時に平野部の高みに立って西の方角を見下ろすと、山の端にかかる落日が光芒を放ち辺りを黄金に染めていく。その情景はまるで西方浄土、阿弥陀の世界を連想させ、時に荘厳な空気の中で山の端の古寺からの鐘の音を聞いていると、時がどんどん遡っていくような気がする。そして東を見上げると鈴鹿の山並みが屏風を巡らせたように連なり、山の撓みの峠路にいにしえ人の足音が響いてくる。山越えの道は時を遡る入り口なのかもしれない。

大津京の所在地ははっきりと確定されてはいないものの、大津市の錦織辺りに内裏の跡が発掘されており想像の材料は多い。また滋賀里の西山麓に点在する百穴古墳や天智帝が大津京鎮護を祈念したという崇福寺跡などが昭和三年、十三年と二度にわたって発掘されており、古墳の様式などから朝鮮半島から渡来した人々の墳墓であることも想像されている。しかし大津京は僅かに六年しか存在しなかったにもかかわらず、この滋賀里の古墳群は現在までに六七基も確認されていること、またなぜこの地にこのような群集古墳が見られるのか、など謎は多い。

滋賀里の西山麓の竹林脇、京の白川に越える志賀越えの入り口にあるこの古墳群は、足を踏み入れただけで確かに不思議な空気が漂っている。きっちり積まれた石垣の横穴式の玄室が方形という朝鮮様式の特色を示し、また山の斜面に作られた天井部分の開いた墳墓を上から見下ろすと、方形の玄室が不思議な明るさに包まれているような気がする。墓と言うよりは何かモニュメントのような空気が漂っており、玄室の中に欠けた石棺が置かれたある墳墓からは、当時の人々の息遣いが生々しく伝わってくる。

大津からは琵琶湖を隔てた湖東の秦荘町、松尾寺山の山麓にある上蚊野古墳群も同様の渡来人の墳墓であり、この辺りの開拓に従事した渡来人の姿も偲ぶことができる。更にこうした古墳とともに、湖東地方に数多く出土している湖東軒丸瓦と同じ様式のものが朝鮮半島に多く見られることなどからも、より一層この地の朝鮮との結びつきの固さを偲ばせてくれる。滋賀県愛知郡。愛知をあいちではなく、えちと読むことからある事柄が連想できる。日本書紀の記述にある、白村江での戦いで戦死した朴市田来津《えちのたくつ》のくだりである。書記の天智称制四年八月の条にある〈大唐、すなわち左右より船を挟みてかくみ戦う。ときのまに官軍敗れぬ。水に赴きて溺れ死ぬる者おおし。舳艫巡らすことえず。朴市田来津《えちのたくつ》天に仰ぎて誓い、歯を食いしばり怒り、数十人を殺しつつ、ここに戦死せぬ。〉から壮絶な戦死を機に日本が敗れ、以後多くの百済人を引き連れて帰国した官軍の姿や当時の様子が偲ばれる。

渡来した人々が多く移り住んだ琵琶湖周辺、愛知郡や神崎郡そして蒲生郡辺りに点在する渡来人の残した文物に思いを馳せる時、一見単調な田園風景にしか過ぎないこの地が、急に生き生きとした人々の息吹に包まれていくようだ。同じく、日本書紀の〈近江の神崎郡に百済の百姓、男女四百人あまり、七百人あまりを近江の蒲生郡に遷し置く〉などの記述からは長い旅路の果てにたどり着いた、幾分疲れを見せるその生き生きとした民の表情が浮かんでくる。いま白村江の写真を見ると、まるで愛知川沿いから鈴鹿山地を眺めたときの風景のようで、渡来人たちがこの地を第二の故郷と定めたのも分かるような気がする。

志賀坂越え

朝鮮半島の三国分立の時代、白村江の戦いで百済に出兵した朝廷が唐・新羅の連合軍に敗れたという一大国際事変の中で、当時の大津京は緊迫ムードの中にあったことは充分想像できる。大津京の膝元、大津で開かれたフォーラムでは古代史や国文学の専門家が集って考古学や和歌などの国文学の視点からも想像が披瀝された。大津周辺に残るその遺跡から遷都の謎を探るとき、事実は今なお深い地中に埋もれているようだ。そして湖西の地に朝鮮半島からの多くの渡来人が住み着き、やがて湖東方面にも流れていったことが、その後の古墳への大陸様式の伝播などを探る考古学的調査からも明らかにされつつある。

天智六年（六六六年）に飛鳥から大津に都が移され、短期間のうちに国の政治・経済・文化の中心になっていったという事実。更に遷都の翌年に日本初の法令「近江律令」や戸籍制度「庚午年籍」が制定されたことや、時報制度の確立として知られる「漏刻」などから国の根幹にかかわる制度がはっきり形になるなど、大津京に対する一種の洗練された国家づくりのイメージを感じ取ることができる。

だが、遷都からわずか五年後に天智天皇の死とともに起こる政変が、この大津京のイメージを悲劇的なものにしている。いわゆる壬申の乱によって天智帝の子大友皇子と弟の大海皇子による争いを経て大津京が廃都され再び飛鳥に都が移された史実で、一連のドラマチックな筋立てはまるで物語の映像を見るように大津の自然風光の中に甦ってくる。

たった五年、というべきなのか。五年は幻そのものだったと理解すべきなのか。大津京の幻を求めて大津から湖西の地を、大津京・錦織遺跡や南滋賀廃寺跡、更に百穴古墳や崇福寺跡など遺跡を手がかりに歩いていくと、西の背後に連なる山並み、いわゆる京との境になる自然の障壁が果たした役割は大きかったのではないかなどと、漠然とわき上がる思いはなかなか捨て難い。大津京を巡るイメージが、その自然の風光の中からかすかな輪郭を伴って迫ってくる。西の山並みを望むと目に入ってくる峠の撓みはそのような輪郭を探るよすがの一つで、志賀坂越えと呼ばれてきた京へのその道は、庶民ばかりでなく古くから貴人や文人が歩いた【いにしえの道】である。

＊

近江神宮は全国的に知られている神社で、天智天皇を祀っている。よく知られているというのは年中行事からである。漏刻祭と呼ばれる時計の祭りは新しい行事の一つだが、時計商や製造に関わる関係者が年に一度六月十日に全国から集まり、その年の最新の時計が奉納される。天智帝は漏刻と呼ばれる水時計で時間を計り、鉦や太鼓で広く知らせたと言われ、その始まりが旧暦の四月二十五日（太陽暦　六月十日）なのである。更に正月のかるた祭りが新年の風物としてよく知られている。百人一首の第一番目にあげられている天智帝の「秋の田のかり穂のいおの苫をあらみ、わが衣では露にぬれつつ」に因んでいるのだが、古式豊かな風情でカルタを取る姿から、いにしえ人の空気が微かに伝わってくる。

この神宮を起点に北に錦織町から南滋賀町の南滋賀廃寺跡に向かって歩いていくと次第に民家の密度も薄れて、同時に古い家々が目に付くようになり、いかにも歴史の道をたどる気分に包まれていく。

南滋賀廃寺跡は住宅街の中にあり、生け垣で周囲を巡らせた公園のような広場で「史跡南滋賀廃寺跡」の碑文が立っているのみである。柱を立てた跡のような丸い礎石に水が溜まり青空が映っているのが印象的だった。この丸くくぼんだ礎石は、かつて近くの農家で手洗い鉢として使われていたものを市が買い取ったものだという。礎石は収まるべくして、その場所に収まったもののようだ。昭和十三年に行われた発掘調査ではサソリ文瓦と呼ばれる軒瓦や平安時代の瓦が多く出土している。

やがて道は次第に山の辺に向かい少しづつ登り始め、高砂町から滋賀里町に入る辺りから、東の琵琶湖の煌めく面積が広がりだし、いよいよ近江から京に越える志賀坂越えの道の気分は高まっていく。

志賀坂越えは近江の滋賀里から京の白川に越える峠路で、途中の山中に山中の集落があることから、志賀坂越え、白川越えなどの他に山中越えの別名もある。大津京が廃都になり飛鳥に都が戻され、更に京に平安遷都された頃、桓武天皇が天智帝の遺徳を慕って、滋賀里の崇福寺に詣でたことや、西行がたびたび越えたことなどが知られている。

峠路の登り口、百穴古墳の先にある崇福寺跡は、天智天皇の勅願によって建立されたと平安期の「扶桑略記」に記されている。それによると寺の位置は大津宮の北西の方角とあり、具体的なイメージが膨らんでいく。この辺りでは崇福寺の存在感と知名度が大きく、天智帝との結びつきで多くが語られるが、実はその手前の竹林脇の小山に点在する百穴古墳こそ、近江の帰化渡来人の有様を考える重要な遺跡なのである。

白村江の戦いに敗れた日本軍とともに渡来した百済人が埋葬されたという、古墳群は特異な存在である。百穴と言う名の通り、多くの古墳が作られたようだが、大津京の存在したわずかな期間、五年の間になぜこのように多くの墓が作られなければならなかったのかという謎は残っている。しっかり残った縦穴から覗くと横穴式段差のあるせん道という大陸の様式が見られ、縦穴系でありながらこうした横穴があるという様式の語る意味は大きい。この様式の古墳は湖東地方の上蚊野古墳などにも見られ、そこもかつては百基ほど存在したと推定されている。この湖東の古墳と渡来系の人々との関わりについては、湖東三山の寺の一つ、百済寺とその寺の創建にかかる伝承や、その山麓の開拓に関わった渡来系の人々が、様々な遺跡や文献からも浮かんでくる。秦氏、百済といった文字から受けるイメージは、大陸的な香りそのものである。

百穴古墳を過ぎ、おぼとけさんと言われる石大仏の堂舎にさしかかる頃には、何かこの道が尋常ならざるものだという気分に包まれていく。道の先にこんもりと盛り上がる森が視野に入ってきた。

林道の先に小高い尾根が三本並ぶように走っており、それぞれの尾根の上に金堂・講堂、小金堂・塔、弥勒堂が建てられていたという。いまは建物の土台が残っているのみだが、金堂・講堂の伽藍跡の尾根には整然と並んだ礎石を見守るように崇福寺跡の碑が立ち、伽藍敷地に立ち並ぶ楓の木々が穏やかな空気を醸し出している。礎石の上に立つと、いにしえの講堂のたたずまい、そこで仏教が講じられる有様が、静けさの中に忽然と浮かび上がって来るような気がする。林道から階段を登ること二、三分で尾根の上に出ると、確かに空気はがらりと変わった。

この寺の塔跡から出土した舎利容器、瑠璃製小壺などは国宝に指定されており、その色形を見るとき、天智天皇の息づかいが感じられるようだ。

伽藍の点在する尾根の間を割って志賀坂峠、比叡山への道がそれぞれ登っているが、志賀坂の道は登るとなしにゆるゆると高みに誘われていく。急なところでは長い葛折りに、時に東の琵琶湖を望みつつと、それほど密度が濃くもない樹林の道は非常に心地よい。昔から静かに京や近江の面影を偲びつつたどる道だったのかもしれない。

やがて傾斜が緩んだと思う間もなく、突然目の前に比叡山ドライブウエイのコンクリート構造物が立ちはだかり、やがて無粋なコンクリート壁に穿たれたトンネルの先に山中に下っていく草深い山道を見出すのだった。

崇福寺の麓から山道をたどること僅かに三〇分足らず。峠の脇の小高い丘に登ると淡海の大きな湖水が眼下に広がった。視界の広がりの中に見る遙かな思いと、体を取り巻く空気のかぐわしさ、大日の世界を構成する自然の風光の中に見る風や光や水や日といった、自然や信仰といった一つの摂理が象徴的に投影された道だったのかもしれない。いにしえの頃、峠の上に渦巻く空気の濃密さはいかばかりであったろう。

山中の集落に向かって下っていく道は、古い道のたたずまいがしっかり残っていた。なんと言うこともない野山、雑木林から杉の林に変わり、やがて山道から抜けて近江神宮から迂回してきた車道〈山中越え〉に飛び出ると、いにしえの時代は突然途切れた。山中上という車道との合流点から分かれて、川沿いの集落への旧道を辿ると再びのどかな空気に包まれだし、集落の中心辺りにたどり着いたのは春爛漫の頃だった。桜の華やかさの中に浸みいるようなのどかさ、古い佇まいを見せる街道筋の家々の甍の重さ、辻の石仏や道しるべ、そして仁丹の古い広告などの全てから受けるのは近江の外れの集落であり、かつての旅人の記した足跡を偲ばせる空気そのものだった。集落の中程、寺の門脇に懐かしい石仏が座っていた。志賀坂峠の入り口にあったふくよかで童顔のおぼとけさんと同じ仏だった。大きいのに威圧感があまりない、親しみやすい石仏。様々な人々のささやかな願いをニコニコと聞いてきたのだろう。だが、集落の外れは京の都との境、家並みを抜けたところから再び空気はガラリと変わった。

現代の山中越えである京・白川への道は車のひきも切らない、埃っぽい車道そのもので、歩くにはいささか危険が伴う。せめて歩道の一筋でもと思うのが間違いなのか、こんなところを歩く輩もいない。カーブでは路肩ぎりぎりに迫ってくるタンクローリーやダンプの車輪に巻き込まれないよう気を遣うのがやっとで、息も抜けない街道だった。川沿いの小さな集落を過ぎるとき、うち捨てられたような廃屋を何軒か目にした。時の流れが止まったようなその光景と、その脇を疾走する車の騒音が溶け合って、妙に生々しい暮らしの幻影となって浮かび上がっていた。道路脇の緑が色濃いだけに、かえってその荒廃した空気が気にかかった。

山中の集落を後に一時間あまり、てくてく歩いて白川にたどり着いた頃には、いにしえの志賀坂越えの気分はやや埃にまみれつつあった。それでも長い峠路は、かつての天皇行幸の頃はのどかなものだったのだろうと、東の山並に目をやりつつ洛中への道を辿り、町のざわめきの中に見え隠れするいにしえの王城の気分を探していた。そして大津京のある淡海の都は、確かな自然の障壁の彼方に、あたかも自然の壁に守られた地のように、遥かで、それでいて清々しい気分に包まれているように思えるのだった。

鈴鹿山脈を巡った天皇

生誕一三〇〇年

年が明けてその年は二十一世紀。二〇〇一年は聖武天皇が大宝元年、七〇一年に生まれてから丁度一三〇〇年目に当たった。つまり生誕一三〇〇年。この節目の年を意図して、神が多少の悪戯をしたわけでもないのだろうが、二十世紀も終わろうかという冬の初めに大きなニュースが飛び込んできた。

【「朝堂」長大な建物跡　平城京級の規模　紫香楽宮の都城構想示す】という、紫香楽宮の中心施設跡の発掘を報じるものだった。滋賀県甲賀郡信楽町の宮町で一九八三年の第一次調査が始まって以来十八年目の快挙であり、まさに二十世紀が終わろうとする寸前だった。信楽町黄瀬・牧で発見された礎石群が貞享年間（一六八四年）に既に宮跡だと推定され、更に大正十五年に史跡紫香楽宮跡として指定されたことで一応ここが紫香楽宮跡とされてきたが、しかしその後の検証でこの遺跡は金堂、講堂、塔などの伽藍配置を形成し純粋な寺院遺跡であることが判明した。そしてここそが、大仏の鋳造が行われようとした甲賀寺だったとの見方が成されるようになった。それでは本宮はどこで営まれたのかということになり引き続き発掘が行われ、その結果が今回の発見に繋がったわけである。

折しも聖武天皇生誕一三〇〇年の前後に、その不可思議な政治行動を取り続けたことで歴史に名を残した聖武天皇とその行動の軌跡が改めてクローズアップされたのは、偶然にしてなお余りある劇的な出来事だった。母親の宮子や配偶者の光明皇后が藤原氏の出だったことで、皇統、血に対するコンプレックスがあったと言われている聖武天皇。彼が皇位を継いだ当時は、平城京は混乱の最中にあった。遣唐使が持ち込んだ天然痘の蔓延、それによって政権の後ろ盾となっていた藤原四家の長が相次いで病死するなど混乱の最中にあった。そして天平十二年（七四〇年）に太宰府で藤原広嗣が反乱を起こしたのを期に、聖武天皇は彷徨を始めるのである。

聖武天皇の政治行動については多くの学者によって研究が進められているが、おしなべて一致しているのは国家鎮護を祈念して人々の協力をもって大仏の造立をめざし、新京の遷都を目指したということである。そしてその都の位置を探ることは、彷徨の王権などといわれる劇的な政治行動をとったこの天皇を取り巻く、歴史のミステリーを紐解くようで実に興味深い。

関東行幸と紫香楽宮

どこで大仏を作ろうとしたのか聖武天皇の足取りに求めていくのであるが、天平十二年十月二十九日に平城京を出た天皇一行は東を目指していく。これが関東行幸の始まりである。鈴鹿の関、不破の関の東を関東というように、その関をめぐりつつその後鈴鹿山脈をぐるりと取り巻くような足どりで、彷徨うように行幸していく。なぜこのような行動に出たのかはっきり分かっていないが、曾祖父の天武天皇が壬申の乱の折に印した足取りを追っていたとの見方もあり、自身が天武の皇統に繋がっていることの示威、あるいは自身の内なる精神の拠り所があったのではないかともいわれる。同月三十日名張、十一月十四日鈴鹿郡の赤坂頓宮、二十三日四日市付近の朝明郡、十二月に入って一日から六日まで不破頓宮、六日滋賀坂田郡の横河頓宮、今の醒ヶ井、七日犬上郡の犬上頓宮、九日蒲生郡の蒲生頓宮他合計十五カ所を経て、ようやく十二月十五日に京都府相楽郡の加茂町、恭仁京に入るのである。恭仁京の造成は行幸に先行して橘諸兄が都づくりに走ったと言われているが、恭仁一帯は諸兄の曾遊の地だった。

この恭仁京が都城構想のあった都だったのかどうかは分かっていないが、「続日本紀」の第十四巻には、二年後の天平十四年二月に恭仁京から東北道が開かれ紫香楽に通じる道が出来た八月に初めて聖武の行幸があったことが記述されている。当初は恭仁京の離宮として紫香楽が選ばれたのではないかと思われてきたが、以後二年間にわたって紫香楽宮と恭仁京を行き来する聖武天皇の姿からは並々ならぬ意欲も伝わってくる。本宮を営みながら併せて仏都を建設するという構想は、唐が長安の東の龍門に国家鎮護のために大石仏群を造ったことに習ったものではないかとの説もある。当初は恭仁京を本宮として構想しつつも、紫香楽を同時に国家安泰を祈願する「仏都」として位置づけていたと憶測されてきた。この間の二重の都の維持は財政的な圧迫となり、やがて平城京への還都への要因の一つとして膨らんでいく。

聖武は何を思いながら恭仁から紫香楽へ和束川沿いの街道を辿ったのだろうか。確かに一日も早く毘盧舎那大仏を完成して国家安泰を願おうとしたのかもしれない。そしてついに天平十六年の暮れに紫香楽の甲賀寺での「大仏発願」となるのである。だがその年の六月には恭仁京を放棄して難波宮に移っており、ますます聖武の行動は不可解の度を増していく。今度は紫香楽宮と難波宮の二つの都の同時維持である。聖武は甲賀寺において大仏の芯柱、つまり体骨柱を建てる為の綱を工人共々引いたというが、大仏造立の悲願に向け翌天平十七年（七四五）に紫香楽は正式に新京となった。

天平十七年春正月の頃、「続日本紀」に次のような記述がある。〈十七年春正月己未の朔、堂を廃む。乍ちに新京に遷り、山を伐り地を開きて、以て宮室を造る。（中略）宴をはりて禄賜ふこと差し有り。百官の主典已上に朝堂に餐を賜う。〉

ここにはっきり土地を開いて宮室を造り、朝堂に集って宴を張ったことが書かれている。朝堂とはつまり朝集殿である。あの平城京第一次、第二次の朝堂院同様の、主要施設が建てられていたことが伺われるのである。このほど見つかった宮町で発掘された南北九五メートルにもなる巨大な建物跡こそこの朝堂跡ではないかと推測されているのだが、朝堂が設けられたと言うことは既に離宮などではなく、本格的な都、つまり都城構想があったと言うことで、ここにきて漸く専門家の積年の仮説が立証されたことになる。

だが突然、紫香楽宮をめぐる情勢は大きく変わっていく。同年に西、東の山に火事が相次ぎ、飛び火するように不安が横行し始めたことが伝えられ、既に紫香楽宮の廃都の兆しが現れ始めるのである。この火事が人為的なものであったかどうかは定かではないが、当時の都の維持について不満が充満していたことを暗示する文書も見つかっている。こうした状況の中で聖武は、天平十七年五月二日に帝京に関する意見聴取を行い、その結果として五月五日に紫香楽宮を放棄し平城京に還都する事を決めて紫香楽を後にするのである。

何という劇的な展開だろう。波乱の中で都づくりを急ぎ、やがて挫折の結果再び彷徨の旅に出るのである。紫香楽を後に一年三カ月ぶりに恭仁京に立ち戻り、更に平城京へと戻っていくのだが、ここで仏都紫香楽宮の夢は消える。関東行幸の旅に出てから足かけ五年。この間に恭仁京、そして紫香楽宮で結んだ夢は叶わず、紫香楽大仏の夢もまた消えるのである。ここに大仏造立事業は挫折するのだが、聖武の人心を一致させて知識結を実現するという、国家鎮護の祈願は平城京の金鐘寺、のちの東大寺での大仏の造立へと引き継がれていくのである。

朝堂跡を訪ねる

二十世紀も押し詰まったある日、紫香楽宮の朝堂跡の発掘現場に向かった日は朝から冷たい雨が降り続いていた。宮町遺跡は大納言という山の南に広がる盆地の中心にあり、また飯道山の西麓にもあたる。こんな日に何も、という感じでもあったが、信楽高原鉄道の車窓からの雨に煙る眺めというのもなかなか捨てがたいシチュエーションだった。雨に濡れそぼった雑木の森を眺めながら、のんびりした気動車のエンジン音を聞いていた。

閑散とした無人の紫香楽宮跡駅に降り立ったのは私一人だけだった。改札横に東海自然歩道の看板が一本立っていた。甲南の岩尾山方面から来た道が、湖南アルプス方面に向かっており、丁度この辺りが中間点になるようだ。国道三〇七号線に沿って暫く北に進んだところで隼人川にぶつかり、そこから東に向かう国道から分かれるように西に道が延びている。付近は黄瀬の集落の東外れになり、この黄瀬の中心の丘の上に大仏造立が着手された甲賀寺跡、つまり史跡紫香楽宮跡がある。やがて十字路にさしかかり、ここから西の湖南アルプス方面、南の甲賀寺跡への道を分け、北の朝堂のあった宮町盆地を目指した。

想像図では、紫香楽宮跡つまり甲賀寺から真っ直ぐに朱雀大路が北に延びて、朝堂、大極殿など主殿のあった宮の中心部に向かったのではとされている。北への道とは、アセボ峠を越えて三雲に向かう今の県道に沿っているはずで、左右に続く稲田の下に朱雀大路が眠っているのだ。冷たい雨がコートの肩先を叩くが風がないのが幸いで、行く手のこんもりとした社の森の放つ空気が清々しい。この新宮神社脇の田圃からも今回遺跡が発掘された。祠のすぐ東側の田圃の中から幅八・五メートルの橋脚の跡と、道路の跡が出てきたのだ。付近からは天平十六年の木簡も見つかっており、北の宮町の中心にある朝堂に真っ直ぐ延びる朱雀大路の可能性が非常に高い。まだ発掘間もない土盛りが雨でぐちゃぐちゃになっており、池のように雨水のたまった遺跡の南に、紫香楽宮跡のある黄瀬のあたりの小高い丘がうっすらと霞んでいた。

舗装道路に沿って南北に流れる川は周囲の山から水を集めてきた馬門川で、宮町の中心遺跡に続く回廊は落合橋で一気に盆地の広がりの中に包まれていく。広々とし田園を取り巻くように広がる山並みは、大納言山を初めとする紫香楽の山々。標高六〇〇メートル前後の低山の連なりだが、ふと天平十七年の山火事の下りを思い出した。西の山、東の山から火の手が相次いだという山々である。

北、西、そして東の山を背にしたそれぞれの集落までの距離は平均五〇〇メートル前後とさほどでもないのだが、ガスに霞む家並は遙かな道のりにも思えた。落合橋を渡り盆地の中心部に出ていくと、発掘現場保護のブルーシートのような青いものが目に入ってきた。そして建機の輪郭もはっきりしてきた。発掘事務所のようなプレハブ小屋もある。

宮町会館という公民館の脇が西の朝堂の跡だった。南北九四・五メートル、幅十二メートル。柱の跡を示す白いテープが建物の規模のイメージを膨らませてくれる。確かに大きい建物だ。これが西の朝堂だったとすると、おそらく中心線を挟んで東の同じ位置にも東の朝堂が埋まっているのだろう。そして中心線の北には大極殿に匹敵する建物が——ふと平城京の朝堂院の規模を思い出した。ここに聖武天皇を初め百官が集って宴を張ったのだろうか。

発掘現場とは何と無味乾燥なものか。当然のことながら工事現場そのものだが、聖武天皇の情念の籠もった地だとの思いに触れると、この盆地を取り巻く空気が次第に濃縮されたものに変わっていくようだ。それは思いこみなのだが、その時間に遊ぶ感覚こそ時空への旅であり、人も土地もそして取り巻く山々も全て不可欠の要素となるのかもしれない。恭仁京の跡もそうだった。古い小学校の木造校舎の脇に広がる宮跡に立って背後の鷲峰山などに連なる山並みを見上げると、穏やかな風景の中に埋もれた時代の空気が蘇ってくるような気がした。一三〇〇年前の情念の物語が眠る宮跡には大極殿跡を示す碑が立ち、土に埋まった礎石の枯れた色合いのなかに、聖武天皇の情念を探るのみである。敷地の外れに小さなお堂が建っていた。海住山寺の病封じの大根炊きのポスターが扉に張ってあり、その刹那にここに暮らしをたてている人々の気配が忍び寄ってきたりもした。

恭仁京跡のすぐ脇に山城国分寺跡の礎石が残っている。聖武天皇が国家鎮護を祈願して、全国に国分寺と国分尼寺を置きそれぞれの寺に金光明最勝王経と法華経を納めさせたと言う。彷徨いつつも一心に何かを求めていた聖武のその精神性とともに、恭仁大橋から眺める木津川の流れの豊かさの彼方に彼の見たものが一体何であったのか、それを思うたびに辺りの風景は夢幻のように揺らいでいく。

かつて紫香楽の都が営まれた時、木津川を利用した海運で資材、物資が西から運ばれたという。荷揚げに賑わう恭仁京と、人々の姿が思い浮かぶ。正倉院文書に残る公務員の食糧必要人員数にその姿を重ねることもできる。紫香楽宮は民部省を初めとして大前職、大工、大炊、主殿、内膳など十四職種で延べ、三ヶ月で二七八八人分を請求する記録がある。また恭仁京では同様に二ヶ月分として十職種、五七二人分を請求している。その数字の向こうに、束の間営まれた宮の賑わいが微かに伝わってくる。

そして二十一世紀。ちょうど紫香楽宮の朝堂、西脇殿が発見されてから一年後の二〇〇一年一一月一三日に、東の脇殿と大極殿に相当する大安殿の跡の一部が検出された。東脇殿が幅一二メートル、長さ一一三メートルの規模、一メートル四方の四角の柱穴が二一ヶ所が三、四メートルの間隔で発掘されたことで、いよいよ具体的な紫香楽宮の全体規模が浮かび上がってきたのである。世紀にまたがってその姿を現した紫香楽宮は、本格的な首都として構想されていたことがこれで確実になった。同時に恭仁京や南山城の山際の道は想像の中で益々賑わいを見せていくのだが、やがて平城京還都と言うドラマが待つ聖武天皇の道は、やはりその苦悩を思わずにはいられない。

祈りの田舎道

綿向山は鈴鹿の西外れに盛り上がっている、神の山である。蒲生野と呼ばれる湖東平野の一角が東に窄まりつつ山間に行き詰まったところに登山口の西明寺があり、また山頂には日野の市街地にある綿向神社の奥宮があるところから、この山はなにやら神々しい雰囲気に包まれている。毎年四月に行われる嶽祭りでは、麓から綿向神社の宮司が御幣を携えて氏子共々登山するなど、まさしく今に伝わる神の山なのである。

この神の山の集落西明寺にある古刹、その名の通りの西明寺という寺の十一面観音菩薩は秘仏としても知られ、近在一円の人々の信仰を集めているという。この近在、という言葉にやや拘ってみたとき、このような平野部から二〇〇メートル以上も登った位置にある集落の近在とはどの辺りなのだろうと思ったものだ。

周辺の集落を地図で追っていくと、二キロほど南西に北畑、二・五キロほど北東に行くと小野、更に北に三キロほど行ったところにある原の集落などが見られるのみである。更に道筋を辿ってみると北の原と、南西の北畑は一般車道が通じており、山の間を走る車道の前身がどのような道であったか想像するのはたやすい。だが、小野の集落についてはやや印象が異なっていた。

波線が山間の谷を巻くように続き、細々とあるいはウロウロと、といった印象がつきまとうのだった。西明寺への参道ではなかったのか、などと思ううちにふと思い当たった。そうであった。小野は「おの」ではなく、「この」であった。あの鬼室神社のある小野の集落であった。

大津京の時代、白村江に出兵した日本軍が唐、新羅の連合軍に敗れ、百済人を率いて引き上げてきたが、渡来した百済人の中に百済復興運動に挫折した鬼室集斯がいたことは史実に詳しい。

天智四年（六六五年）に百済人男女七〇〇余人とともに近江国蒲生郡に遷され、鬼室集斯が学職頭《ふみのつかさのかみ》に任ぜられたと、日本書紀にもあるが、この文部大臣クラスの人物の墓があることで知られる、小野の集落であった。

この小野の集落から山越えで西明寺に行くという発想が、今まで思いつかなかったのだが、稲田の青さが増す頃にふと思い立って、蒲生野から山の奥に分け入っていく道筋を辿ってみた。

蒲生野が細い山襞に包まれるように窄まっていくちょうどその境が、日野の中之郷という集落辺りになる。ちょうど北の丘陵を割って下ってきた道がほぼ東西に延びている道と交差する地点で、西の道筋の先にあの渡来系の影響を強く受けているという石塔寺がある。

北の丘陵とは、その石塔寺のある布引丘陵の東の延長線上にあるなだらかな山域だがこの辺りになると、はっきりと山並みが連なってはおらず、砂山が押しつぶされるように平地になだらかに吸収されているような感じだ。

中之郷の集落は道路と佐久良川に沿った慎ましい在所だが、集落の間を抜けて五〇〇メートルほども行ったところで、突然明るい風景の中に飛び出た。目が洗われるといった表現がぴったりで、目の前には青々とした稲田が広がっていた。稲田は南北の低い丘陵に挟まれるように東に向かうにつれ、まるで大海原にのみこまれていくといった風情だった。そしてその海原が尽きる辺りに両側から山がぶつかるように接しており、その麓一帯に集落の甍が光っていた。更にその山の背後に更に大きくそびえているのが、綿向山、竜王山で、あたかもご神体か何かのような神々しさが漂っていた。

距離にしてものの二キロほどなのだろうが、遙かな印象が強いのはその神々しいご神体の山の佇まいによるものなのかもしれない。次第に近づく集落の甍の数の意外な少なさに戸惑う間もなく、山際に細長く続く集落の道になお一層の密やかさを感じるのだった。

やがて右手の稲田の中に、小さな森が見えてきた。こんもりとした鎮守の森である。それが鬼室神社である。稲田の中にそこだけ離れ小島のように杉木立の森が盛り上がり、道脇に苔むした鬼室神社の石碑が建っていた。

鳥居をくぐり、小振りな拝殿というか、本殿があり、その背後に小さな石の祠が傍らの大杉に押しつぶされそうな佇まいでそこに置かれていた。それが鬼室集斯の墓といわれている祠で、切り花が供えられていたが、石の扉は堅く閉ざされていた。

近江の神社には本殿の前に能舞台のような拝殿があるのが一般的だが、この神社は拝殿の中に仏壇のような小さな祭壇のようなものがしつらえてあった。脇には鬼室集斯の出身地である大韓民国忠清南道恩山面と結んでいる姉妹都市提携に関する行事の写真などが掲示されていた。

今も韓国から訪れる人が絶えないようで、韓国語で書かれた案内板などもあって、正にこの地に鬼室集斯は生きているといった印象である。

多くの渡来人によって開拓された湖東の地には、様々な遺構が残っているが、古墳や、氏姓、といったものとは違って墓がそのままあるということは、妙に生々しい空気を感じなくもなかった。小野の人々が室徒株によって構成された宮座で長く護り伝えてきたというこの神社の持つ意味は、この村にとって一体どのようなものであったのか、不思議な気分のままに神社を後に東の山道に分け入っていった。

西明寺に向かう道筋は緩やかに登っていった。道に沿った集落を過ぎると、東の村外れに天神社があり、その奥にも山道が分け入っているようだった。集落の西と東にある神社、それも何か意味があるようで、興味深い。

ゆるゆると登っていく道は簡易舗装もされて、今では山仕事の効率を高めてもいるようだったが、西明寺へと辿る信仰の道の時代はどのような空気が流れていたのだろう。集落を外れたところにあった妙な石、人魚塚というその石の由来も伝説的であり、なかなか尋常ではない道の印象を高めていた。しかし辺り一帯はのどかな山間の農村風景がひろがっているだけだった。

淡々と続く道だけに、過ぎた集落の佇まいがいつまでも余韻を引いている。小一時間ほどで西明寺南の車道に飛び出ると、時空を越えていく道は突然途切れた。やがて道の先に西明寺の石段が見えてくると、いかにも門前の街角といった空気が漂い始めるのだった。石段の上に乗る山門、本堂の甍の急勾配、そして境内に咲き乱れるアジサイの青が放つ華やかさに、寺の神妙な気分が混じり合うと、そこはもう一種特別な世界になっている。

あの淡々とした山道を過ぎてこの山門の前に立ってこそ、心の奥底から沸き上がる敬虔な信仰心は深々と研ぎ澄まされていくことになるのだろう。見上げるご神体の山、綿向山の麓にこの精神の拠り所があると思う人々にとっては、やはりただならぬ場所なのかもしれない。

朝鮮半島から渡来した一人の人間を敬いつつ、神の山に五穀豊穣を祈る、そして竜王山に雨をも乞う、といったように様々に形を変える祈りは、その風光の中ではっとするような輝きを放っている。そのような気配が、いつも私を呼んでいるようで、さり気ない田舎道を歩く楽しみは益々奥の深いものとなっていく。

是より杉坂十八丁

先日、久しぶりに近江カルスト台地の山からの帰りに旧杉坂を通ったが、滋賀県多賀町八重練の集落外れにある道標は、すっかり苔むして字が読めなくなっていた。確か「是より杉坂　十八丁　みのいせ道」と書かれていたはずである。考えてみるとこの碑文をはっきりと読んだのは十年ほど前になる。その後幾度か玉兎山の裾を巻いていく旧道杉坂、通り名、島津越えを辿ったことがあるが、ここ五年ばかりはすっかりご無沙汰だった。近江カルスト台地のど真ん中、旧脇ヶ畑地区への登路としては、栗栖から飛ノ木橋を渡って登っていく県道上石津・多賀線の完成で保月まで自動車が入るようになる昭和十年頃までは、この「みのいせ道」が主要街道だった。

島津越えで知られるこの街道は、岐阜県の上石津町から時山を経て近江カルスト台地の東外れ県境の五僧峠に上がったあと、保月、杉、杉坂を通って八重練に下るもので、関ヶ原の役の時に戦線を離脱して薩摩に戻った島津義弘の逃避行のルートとして歴史に名を留めている。その歴史の道も車道の整備に伴い、年を追うごとに廃道化していくのは仕方がないにしても、杉坂峠から八重練の集落に至る旧道の味わい深さは、やはり語り継いでいかなくてはならないだろう。
多賀大社のご神木の巨杉が立ち並ぶ杉坂峠。この撓みは多賀の平野部からもはっきりと判別でき、杉の樹冠の並ぶ姿もかなりのインパクトを伴って視野に入ってくる。峠の南北にそれぞれアミダ峰、杉坂山が隆起し、更に南に続く陣尾山も顕著なドーム型で目立っている。

道標のある坂の取り付きから峠までわずかに二キロの道のりなのだが、多賀の平野部を望みながらゆったりと高度を上げていく二次林の尾根は実に味わいのある峠道である。峠から下る場合は起点は多賀御神木の石標だが、ここに御神木の大杉があると勘違いする人が結構多い。舗装路の峠を通り過ぎた人の中に、杉はなかったとの感想を漏らす人が結構いるが、御神木の大杉は新道から分かれて旧杉坂を下りかかったところにある。坂の下り口にちんまりとした石標が置かれている。置かれているといった表現がしっくりくるような可愛らしさだが、表面に書かれている行書体の文字がなかなかの風格で「千世の清水」と刻んである。昔ここに冷たい清水が流れていたらしいが、土砂崩れで水源は埋もれてしまったようだ。

初め南に向かっていた坂道は、御神木を過ぎて次第に西に方向を変えながら下っていく。まだ鬱蒼と樹林帯の中を下っていくが、大きなジグザグを経て次第にはっきりした尾根筋をいくようになると新道への分かれ道にさしかかり、次第に雑木も増えてくる。分岐の下降点を過ぎ、杉坂の核心部にさしかかり、この辺りからがこの杉坂越えのハイライトである。わずか二キロ程の道筋で核心部も何もあったものではないのだが、ちょうど樹林の密度がやや薄れ、明るい二次林が目立つようになると北の樹林越しにイワスの特徴ある山肌が覗くようになる。その左には伊吹、右は大向など芹川北部の山塊である。尾根は次第に幅広のゆったりした感じになり、落ち葉の堆積したフワリとした感触が好ましい。そして南西にはまだ幾分遠い多賀の平野部が眩しく輝いている。

この辺りから再び樹林の中をいくが、道筋は消えているものの尾根は一本で迷うこともない。玉兎山三九九メートル手前辺りからはやや生え込んではくるが、この頃になると麓の八重練の集落の物音が良く聞こえるようになる。かつて保月の村から久徳の高等小学校まで片道七キロの道のりを雨の日も風の日も二年間通った人がいるという。長い登校時間、ようやく坂を下りきって学校近くまでいくと、朝礼の終わりの校歌が流れてきたというその子供の目に、当時の杉坂越えの道はどのように映っていたのだろう。

玉兎山の山頂部の茂みが近づいてくると、道は北に向きを変えながら樹林の中に包まれていった。微かな道形はそのまま真っ直ぐに北西に向かっているが、これはそのまま栗栖まで下っているので南西に分岐するルートを見失わないように目を凝らす必要がある。分岐点は分かりにくく、辺りはただの樹林帯だがやや幅広になっているので道の合流帯のイメージを抱けば大丈夫だろう。この辺りからゆったり下っていく山腹道の素晴らしさが、この杉坂の魅力といっても差し支えないかもしれない。木漏れ日、そう夕方であれば夕日を一杯受けた落ち葉の斜面を下っていく爽快感。サクサクと枯葉を踏んでいく音だけが響き渡る。すぐに植林帯に包まれてしまうものの、その余韻がそのままずっと続いていくような気がするほど、のどかな道である。

植林帯にかかると、その間を割って葛折りに下る山道はかなりの生え込みで、手入れのされていない植林帯の厳しさを実感するところだが、微かな沢の水音を聞きながらこの辺りは耐えるしかない。やがて、急坂を転げるようにして突然沢のほとりに放り出されたようにして谷に降り立つ。沢を渡ってすぐ、谷の入り口が覗いている。杉坂の取り付きである。

「みのいせ道」の道標は、谷の出合い南側に半ば草に埋もれるようにして立っている。苔で覆われて全く字は読めないが、「是より杉坂十八丁、みのいせ道」の独特の字体が刻まれているはずだ。杉坂十八丁。丁は町の単位のことで換算すると一〇九メートルになる。十八倍で一九六二メートル、二キロにわずかに足りない。みのいせ道の取り付きの杉坂だけの距離を刻んだのは一体なぜなのか、とも思う。美濃伊勢へ越える時山の集落までは、更に杉、三合水、寒坂、保月、五僧と長い長い道のりが待っているのに。恐らく、この近江カルスト台地へのとっかかり、杉坂の登りだけが難所であとは鼻歌混じりの道中との旅人の思いがあったのだろうか。それとも多賀大社のご神木の鎮座する杉坂までの道のりに、この坂の名を象徴させたのかもしれない。この道を歩き続けた人々にとって、この杉坂に名所がいくつかあった。先述の千世の清水を初めてとして、小便岩、廻り岩などである。小便岩は子供の寝小便を治す御利益のある岩とかで、亀頭によく似た大岩が山肌から突き出ている。廻り岩は小便岩上手すぐの所にある大岩で、唐箕岩とも呼ばれている。この岩の前を唐箕や大釜、水壺などを持って通り過ぎると天候の急変で農作物の被害が出るといわれているそうだ。それでこうしたものを脇ヶ畑に持ち込むときは、芹川沿いの向の倉や、河内方面から廻っていったという。庶民の暮らしに深く根ざした道だったことを偲ばせる逸話だが、やはりこの道の持つ気分を端的に感じさせてくれる。

島津義弘の関ヶ原戦線離脱の話はあまりにも有名で、戦いの趨勢とその後の政治体制を大きく左右させた歴史的事件だった。脇ヶ畑地区の中心を貫くこの道をどのようにして通り過ぎていったのか。残念なことにその様子は想像するしか術はないが、ただこの道筋を辿るきっかけになったのが犬上郡出身の小林新六郎の手引きで、その子孫の高宮の小林家には島津義弘から渡された「軍忠状」という感状が今に伝わっている。その後、江戸時代の参勤交代の折には、薩摩の島津家は必ず高宮の本陣に宿泊して小林家に挨拶に訪れるのが恒例になったという。現代に至っては、鹿児島の伊集院町と多賀町との姉妹都市提携をはじめとして、島津越えの威徳をたたえようと伊集院の小学生が関ヶ原踏査隊を組織して毎年夏にこの道筋を辿るという。その時は地元の多賀町も協力をするというが、現代に引き継がれている島津越えである。

年を追うごとに草深さを増していく旧道杉坂だが、五僧から栗栖までのほとんどが県道上石津・多賀線の車道に変わっており、時折ドライブの車が走りぬけていく。だが道を取り巻く空気はのどかで、見上げる山、見下ろす谷間に止まった時間を見るようだ。そして路傍の地蔵堂に人の暮らしの気配を感じたのも束の間、人の気配の絶えた村跡に不思議な感慨が沸き上がる。戦国の時代、歴史の裏舞台にほんの一瞬だけ日が当たった山上のカルスト台地の村々を貫く歴史の道。そしてそこで営まれた人々の暮らしであった。杉坂の御神木、廻り岩、そして小便岩の脇を通り過ぎる軍勢の足取りは重かったろうが、腰の竹筒には千世水で汲んだ水が入っていたに違いない。そして喉を潤しつつ多賀の平野部に目をやったときに、小林新六郎は言ったかもしれない。「八重練は、そして高宮はこの坂のすぐ麓でございます」

高宮の川原で牛を一頭屠殺して空腹を満たし、一夜を過ごしたあと堺へ向かい、そこから海路薩摩に戻ったと言うが、一行の頭の隅に杉坂から眺めた平野の光景でも引っかかっていただろうか。その後、この道は長く島津越えとして語り継がれるようになっていくのだが、ずっと時代が下がってこの道は、通行の安全、近代化のための道の変遷の話へと語り継がれていくことになる。それは過疎化などという言葉が日常化するずっと以前の、山間の村を取り巻く遠い日の話ではあるが、もう歩く人もない杉坂の道の光景にふと思いがいくと、一瞬にして全てが淡い幻のようなもどかしい空気に包まれていく。

信長の影

織田信長というと、まずその激烈といわれている性格が頭に浮かぶ。敵対勢力に対する容赦の無い攻撃、特に仏教勢力に対してはその組織力自体に軍事的な性格を見ていたようで、比叡山焼き討ちや、近江においては佐々木六角承貞に支援を惜しまなかった百済寺に対する徹底した攻撃などからもその片鱗が伺われる。信長の性格は、映画や舞台または小説の世界にまで様々な解釈がされており、その中でもとりわけ短気、せっかちといった性格が強調されている。フジキリ谷からの千種越えの途中で狙撃された際、後に捕らえられた杉谷善住坊を鋸引きの刑に処し、道行く人に竹のノコギリで首を引かせたなどというエピソードなどは、苛烈きわまりないといった印象で、信長の不気味な印象は一層募っていく。だが、その彼の天下統一の絶頂期にさしかかった頃に創建された安土城が、今新たな角度からスポットを浴びようとしている。

幻の城とまでいわれた安土城の姿は長く謎とされてきたが、先日NHKの番組で実に興味深いものを見た。安土城とその城下を再現したコンピューターグラフィック画像で、その根拠となったのが内藤昌氏（名古屋工業大学教授）がかねて調査を進めてきた安土城の図面「天守指図」の検討と解析である。

画像が大手道を登り始めると、思わずため息が出てきた。広い大手道が真っ直ぐに天守に向かって延びていった。あのかつての暗く細い山道が、幅広の大手道として再現されている。やがて、西の百々橋口から登ってきた道と合流して東の本丸に達すると、当然そこには煌びやかな七層の天守閣が聳え立っていた。それは当然の光景であり、まあそんなものだろうとの思いはあったが、本丸の脇に巨大な建物が建っているのにはびっくりした。解説では、安土城の図面から想像するに京都御所の清涼殿と全く同じ規模、形の建物が建っていたというのである。

真っ直ぐに延びる大手道は幅六メートル、発掘後に判明しただけでも直線距離一八〇メートルという規模である。真っ直ぐな大手道という解説は更に専門家の知見を交えながら、一般的な軍事要塞としての城を考えるならばより複雑な道が造られるはずであり、真っ直ぐでそして広いなどという構造は従来の城郭建築の常識から大きく外れていることに言及していた。

本丸広場から発掘された柱基礎の間隔二・二メートルというのは、普通の建物よりも遙かに大きいことを指摘し、京都御所によく似た建物、本丸御殿に続く幅広の道は一体誰のためのものだったのかという新たな疑問を提示していた。ここに番組の大きなスポットが当たり、更に次のスポットへと光は移っていった。続いて本丸広場の天守の間をつなぐ廊下の基礎部分の発掘や、天守の構造の映像がコンピューターグラフィック画像で再現されていった。初めて知る安土城本丸の規模と構造に目は吸い付けられていく。そして極め付きは天守についての解析だった。

七層の天守閣は高さ十六間、つまり三二メートルで、そのうち五層部分が吹き抜けだったとの内藤教授の図面からの解析と、昨年秋の発掘の際のひとつの発見から、実に興味深い信長像を示してくれた。天守の敷地から発掘された九一個の礎石の中心部に約一メートルの深さの穴があいており、そこから十二個の陶器の破片が出てきたというのである。教授は先の「天守指図」からそこに宝塔があったことを指摘し、中に仏舎利が納められていたのではないかと分析したのである。

ここまでの解析を通じて、新たな信長像が生まれつつあるのにはいささか驚いたが、仏を敬いつつ天守の基礎部分に仏舎利を納め、新たな城下づくりの中心に据えたという事実が、紛れもなく今回の発掘現場から語りかけられてくるのだった。真っ直ぐに延びる大手道は軍事的なものではなく、本丸御殿に京から天皇を迎えるという発想が読みとれ、室町幕府最後の将軍、足利義昭を擁しながらもやがては切り捨てていくという、非情かつ現実的な信長の一面を見つつも、統一後には朝廷との新たな関係もまた築こうとしていた信長の政治感覚が浮かび上がってくるようだ。

だが何よりも印象的な解析は信長の仏教に対する別な姿勢が、城の構造を通じて見えてきたという点にあった。比叡山焼き討ち、一向宗門徒に対する弾圧の姿を垣間見せながら天下統一を目指した信長の行き着く先に見えていた世界が何であったのか、これこそ安土城のミステリーの最たるものなのかもしれない。

　この放送のあと、すっかり整備の進んだ大手道を通って本丸天守跡に登ってみた。なるほど大手道はまるでイラクのバビロンの行列道路のように広くおおらかな感じで登っており、軍事的城塞のイメージはどこにもない。儀式に使われるような、晴れ晴れとした道作りが意図されていたのだろうか。白々と続く石畳の中程、端の方に〈石仏〉と書かれた小さな標識のようなものがあった。何かと近づいてみると、仏の刻まれた平版が石畳の間に填っていた。急を要した城作りの中で建材が間に合わずに、やむを得ず辺りにあった石仏も石畳に変えたのだという。ふと湖東三山の百済寺にある石運びの図を思い出した。信長は百済寺を焼き討ちした際、既にこの寺の石垣などを安土城に使うことを考えていたのかもしれない。それが目的で焼き討ちをしたのでもないのだろうが、大石を大勢で運ぶ姿、石の上で扇を手に采配を振る男の姿から城普請の活気が想起される。

　大手道を上り詰めて百々橋口からの道を合わせた後、更に信長廟の入り口を分けて東の本丸に向かう道筋があの一帯でもっとも雰囲気がいい。両側にきっちり組まれた石垣を抜け小広い溜まりのような広場に出るや、行く手に本丸の大きな石垣が正面に迫ってくる。先端の反り返った石垣上に広い空が広がり、傍らの杉の木立が程良い陰影を醸し出していた。そして石垣のその足元に妙な石造物が置かれていた。妙というのは、その意味合いからの印象であり、一見したところただの大石である。覗き込むと、両足の裏の絵が彫られている。仏足石であった。初めてこの城跡に立ったとき、なぜこのようなものがあるのか不思議だったが、そのころは信長の霊を慰めるために後に置かれたものなのだろうなどと勝手に解釈していた。だが、仏舎利の宝塔が天守の中心に据えられていたという解析を知ってからは、また別な見方もできるのではないかなどと思っていたが、先日湖東三山の百済寺の浜中亮明住職から興味深い話を伺った。

それは、安土城築城の際に集められた石材の中に仏足石が含まれていたのではないかというものだった。ご住職は百済寺の南北、愛知川と宇曽川流域の間に多い湖東流紋岩を一つのヒントとして考えておられ、仏足石がその岩石であれば、百済寺の石運びの図の石の中にはそれが含まれていたことも考えられると、非常に興味深い指摘だった。

不等辺八角形の天守の跡は青いビニールシートで覆われ、立入禁止のフェンスが巡らされていた。周囲の石垣の上を歩くようになっており、北側の八角平方面も立入禁止で、発掘は佳境に入っているようだ。宝塔のあった礎石の中心部分が見えるわけでもないのだが、周りの緑の中に浮かび上がるブルーシートの鮮やかさが、仏舎利の存在を象徴しているようにも思えた。ここに初めて立った頃、何と言うこともない狭い天守跡で、敷地も随分狭くて三方を水に囲まれたこんな所に城を築く信長の視線に思いを遊ばせたものだ。水上交通を利用した都市づくりの観点から、この交通の要所に新たな町を作り、信長が経済の振興をはかったこと。楽市、楽座の特権で商人を全国から集めるという先進的な発想に驚きつつも、なぜか信長に暗い影を見ていたのはなぜだったのか。そう思い返せば、やはり比叡山焼き討ちに象徴されるような宗教弾圧の暗い影が重なっていたのかもしれない。

天守跡から眺める北方の眺めは大きかった。もちろんそこには信長が見ていた頃の広い湖水の眺めはなく、青々とした大中の干拓地の畑がはろばろと続いているのみだった。明るい田園の風景の中に、妙にもの寂びた光が交錯するのは、時折雪が舞う陰影がかったこの日の天気の為ばかりではなかったかもしれない。四三〇年余りにわたって埋もれていたある事実。その重みが今こそとばかりに、弾けているような気がしたからなのかもしれない。あまりに様々な素顔が描かれてきたこの希代の英雄、風雲児だけに、その隠されていた事実が語るものは重く、そして時に奇妙な印象が頭をもたげる。城を取り巻く明るさの中に漂う乾いたような重さは、信長の幻影そのものだったのかもしれない。表面的にはよく知られている人物だけに、その思いは更に物語的にはなる。信長の幻、そのベールが剥がされるのは余りに突然のことだったが、史実が書き換えられるきっかけとは、案外さり気ない一角を曲がったときに、突然に訪れるものなのかもしれない。

紅葉とダムの町

永源寺の紅葉が鮮やかな季節となった。良くも悪くも永源寺紅葉。近江の観光ルートには必ず紹介され、最盛期ともなると、門前の街道は車のラッシュ続きで、近在の空き地という空き地は臨時の駐車場になってしまう。

地元の人たちも年に一度のかきいれ時とばかりに、笑顔で「こちらの駐車場へどうぞ」と家の空き地の前で旗振りに余念がない。道の脇には露天が並び、泥の付いた取れたての野菜が瑞々しく並べられている。いつもなら閑散としている八風街道の賑わいは、年に一度の祭りの雰囲気で、紅葉の色も熱気を受けて更に赤みが増していきそうだ。

昭和初期にこの街道を辿って銚子ヶ口に向かった桑原武夫氏が、相谷の集落から佐目子谷に向かう炭焼を二〇人ほど見かけたと「鈴鹿紀行」という文に書いており、炭焼の繁盛で生活も比較的豊かそうだったと印象を記している。

その永源寺門前の相谷だが、かつての八風街道は今では巨大なダムの堰堤に行き当たって終わっており、新道が集落の南側を迂回してダム湖畔に向かっている。その名も国道四二一号線と名を変えた八風街道は、青々とした湖面越しに日本コバの山容を眺めつつ国ざかいの石榑峠にむかってくねくねと登っている。ダムの堰堤を過ぎるとすぐに佐目隧道に入り、呼吸を繰り返すほどもなくすぐに過ぎてしまう。トンネルの出口が佐目の集落で、ダム湖に沈んだ旧佐目の集団移転の地である。国道沿いに数軒の家がひっそりと甍を並べているが、山側にも広がる集落の気配を感じさせないほどひっそりと静まり返っている。樋の谷出合に架かる橋を渡り、道が大きくカーブすると、やがて湖畔に平坦地を見下ろすようになる。緑に包まれた広場には整然と墓石が並んでおり、きらめく湖の正面には日本コバの巨体が横たわり、一見実にのどかな時間が流れているように見える。だが、かつての古里の沈む湖水を向いた墓標を見ていると、湖に沈んだ村の記憶を持つ人々の心情が、のどかな風景に重なっていく。

渇水期ともなると干上がった湖の底からかつての村跡が姿を現す。忽然と姿を見せた泥まみれの橋の跡から、旧八風街道が村跡を突き抜けていた様子が忍ばれる。また湖底は意外に起伏があり、実際に底に降りてみると、高低差のある道であったことが分かる。石垣沿いに続く坂道には枯れ木が石の間を割るようにして育っていた様子がありありと分かり、その生き物のように枝を広げた様子に当時の空気がいっぺんに引き寄せられた。家の跡にはタイルの流し台や浴槽がそのまま転がっていたり、履き物やおもちゃの残骸などからはそこに住んでいた人の息づかいが伝わってくるようだ。

紅葉とダムの永源寺というイメージはすっかり永源寺に定着しているが、そのダムの町に新たなダム、いわゆる第二永源寺ダム構想が明らかにされて久しい。農業用水利用の見地からは一部反対運動の動きもある中、計画は国営農業用水再編対策事業、地域用水機能増進事業という柱を中心に、青写真ができつつある。そして、先に明らかにされた「新愛知川土地改良事業計画一般平面図」に示されたダム建設場所や導水路、頭首工といった施設の予定地を見ると、今更ながら鈴鹿山地のど真ん中に巨大施設が計画されていることに驚く。そして資源環境保護の観点や農業用水の利用増の視点からその賛否が論じられるこの問題の焦点が、どのようにこのダム問題を浮かび上がらせていくのか注目されている。

ダムの必要性を唱える農業者の視点から寄せられる切実な声と、自然環境保護の声とが同じテーブルで向き合ってこの問題を考えることは出来るのだろうか。このことは愛知川流域で農業を行っている人々の声から、改めてその水不足の現状と愛知川からの取水の状況からも強く感じられる。

この水不足問題が特に下流域で顕著なことはかねて問題となっていたが、愛知川町を初めとして八日市、五個荘町、秦荘町、湖東町そして愛東町の農業者の声が特に大きいことは、それだけ農業に依存している割合が多い故に、当然といえるかもしれない。○町内には二〇〇ヘクタール近くダムの水は送られていない。○ダムからの水は充分ではなく、四割程度のもので、不足用水はすべて地元のポンプアップでまかなっている。○国道八号線から下の方はダムの水は殆ど来ていない。○ダムの末端域に住んでおり、ダムで隔日送水等節水をされると排水川の水も減ってくるので反復もできない。〇安定した農業用水を確保することが一万農業者の切なる願いであると同時に、水資源利用の基本であると思う——等の声が緊急動議で採択された背景には、こうした日々の姿が確かにある。一方で豊かな自然を守ろうという視点からのダム問題があり、特に上流域の蓼畑、箕川、杠葉尾といった集落では、「耕作面積が減少する中で、永源寺ダムや地下水、調整池で充分やっていける」との考えが大勢を占めている。こうした考え方に基づいて環境影響評価（環境アセスメント）への反対を通じ、従来より出されている事業計画案の見直し答申を尊重してダム建設の見直し、中止を求める動きに拍車がかかりつつある。こうした状況の中で、近畿農政局の国営事業再評価第三者委員会がまとめた【ダム代替案を含めた事業計画の見直しを求める答申】の与える影響は次第に大きくなり、二〇〇二年八月上旬には永源寺町長にダム建設中止、事業計画見直しを求める要望書が出された。

第二永源寺ダムの予定地は愛知川の支流、茶屋川の古語録谷出合いの南一キロの地点で、その集水域は北は御池岳、東は鈴鹿山脈の三池岳付近、また西は御池岳から土倉岳、ヒキノを経て旭山までを含む広大な範囲にわたり、集水面積は二九・四平方メートルにもなる。更に計画図ではヒキノの北一キロほどの山腹に茶屋川から御池川に御池導水路を穿ち水量の調整を計るという構想が読みとれる。この御池川流域の集水面積は北はミノガ峠から、東の天狗堂までの尾根に刻む谷からの水を集めること一六・六平方メートルにもなるという。水没予定計画地域は平均標高五〇〇メートル付近の等高線に沿っており、これは古語録谷出合い下流約一キロを堰き止めて、ダム尻は鈴鹿山脈の静ヶ岳西尾根の末端付近にも達する。

もしこのダムが実現したら、確かに大きくその景観は変わることだろう。野生動物や魚類の生態系が変わっていくことも想定される。そして何よりも奥深い鈴鹿の自然が損なわれることになる。開発と自然保護の双方を満たす取り組みとは一体いかなるものなのか、それがこの問題のアセスメントの最も難しいところであり、そのジレンマの整合こそが、今最も求められていることなのかもしれない。

ダム完成の暁に新たな取り付け道路を伝って奥地へ向かう登山者の目には一体何が見えるのか、それを理解する鍵が何処にあるのか、実はそのことは多くの登山者は既に分かっていることなのかもしれない。林道を最大限利用してマイカーで奥に入る登山者の頭には、当然忸怩たる部分が大きな割合で占めているはずであり、それを承知の上で林道反対を叫ばずにはいられないジレンマ。ダム問題は言ってみれば全ての開発という命題に根ざした近代化の恩恵をどう受け止めつつ、何に反対するのかという、言ってみれば個人の生き方の問題、ライフスタイルそのものが問われるということそのものなのかもしれない。

ある峠越え

北鈴鹿の重鎮、霊仙山を過ぎると長大な鈴鹿山脈も伊吹山を見据えながら下る一方で、右に養老山地を眺めながら次第に里山の気配が濃くなってくる。そして柏原道も一合目の大杉辺りまで来ると漸く終わりという気分が色濃くなり、そこから道は大谷沿いを下り初め尾根からどんどん離れていく。一方鈴鹿山脈はもうこれといったピークもなく、辺りの風景も里山然とした空気に包まれていくので登山的対象から外れるのか、市販の登山地図でも目立たない表現になっている。しかし北の外れに向かう尾根筋を指で辿っていくと、ふっと地味な峠が目に入ってきた。

それは実際、峠とは言えないほどの小さな乗り越しだった。峠だけ眺めていたら、気にも留めずに指はそのまま尾根の北端まで達していたかもしれない。だが峠の東西に眼を外すと、おやっと言うような不思議な気分が沸き上がってくる。

岐阜県の不破郡関ヶ原町の今須の村から滋賀県の柏原・山東町に越える小さな鞍部から東西に延びる谷道は、それぞれ一キロメートルにも足りない。だがその岐阜県側の谷の入り口の村を取り巻く地形を眺めたとき、にわかに山脈沿いに点在する細長い集落の風景が浮かび上がり、三方を山で閉ざされたその地形に眼が吸い寄せられていった。改めて峠の名を見ると、観音峠（西谷峠）とあった。

南北に流れる今須川を挟むようにして八〇〇メートル程の間隔で川の両側に鈴鹿山脈と今須の里山が走っており、北から竹の尻、新明、貝戸、下明谷《げみょうたん》といった集落がその川に沿って、細長く点在していた。南に進むにつれ山深くなり、やがて集落を過ぎると道は山懐に消えるといった感じで、まさに袋小路。地図を眺めているだけで閉塞感が伝わってくるが、改めてその地形を見ていると何故そのような峠が存在するのかと言うことを、その袋小路の村が自然に語り始めるようだ。

「どこへ行くにも山を越えて行かなくてはなんねえ。行き場のねえ狭っ苦しいような村だが、峠を越えればそこにゃあ広い他国へ続く道が続いてる。越えれば驚くほど近けえところに、色々楽しみな景色が広がっておるで。足さえ丈夫なら、体さえ元気なら、霊仙寺でも、お多賀さんでも、そうだあな、彦根のお城でも見物に行けるでよ。琵琶湖も見てみてえでよ」

どこに行くにも自分の足が頼りだった時代、峠越え、山越えの道は楽であればそれに越したことはなかったに違いない。小さな峠だけに、また長い峠道とは異なった独特の人々のささやかな思いがあったことだろう。

起点から車で峠の入り口まで行けば三〇分もかからないところを、数時間かけて歩き、僅かな上り下りの峠路を越えて空気が変わっていく旅人の気分とはどんなものだろうか。こうした道はうんと効率の悪い歩き方が合っていると、中山道柏原の宿場外れに立ったときは雨が激しくなっていた。

＊

雨が降りしきる中を中山道を東に向かいながら、足取りは既に旅人の運びになっていた。柏原といえば伊吹もぐさの伊吹堂だが、あの巨大な福助人形の座る店として古くから知られる商家は駅から西にあり、醒ヶ井方面の街道筋にある。東は関ヶ原方面、国境への街道筋となる。そしてその国境にある長久寺という集落が有名な〈寝物語の里〉である。

寝物語とはいささか艶っぽい地名だが、溝を挟んで近江の国・美濃の国が境を接して、旅篭の壁越しに寝ながらにして隣の国の人と話が出来たというところから付いたものらしい。静御前が壁越しに耳にした聞き覚えのある声から義経の家来江田行義と再会した逸話が知られている。

古い街道筋の家並を抜けるとすぐ宿場外れとなった。鉄道の踏切を渡りゆるい坂道の上りにかかると向かい風と雨が歩調を鈍らせる。雨具の上下に傘を差しているが、既に雨具は水浸し。大きな楓の並木が続きいかにも風情ある街道風景だが、次第に開ける右手の畑越しには、鈴鹿山脈の北端の落ち込みと、その山腹に穿たれた関ヶ原に抜けるトンネルと、吸い込まれていく車の群。停まったような時間の中から望む躍動する時間のアンバランスが面白い。やがて緩やかな坂を上りきったところに、密やかな集落が忽然と姿を現した。暗い空の下で古びた家並みが、しっとりと落ち着いた影を濡れた街道に投げていた。

「近江輿地誌略」には〈近江美濃両国の境なり。家数二五軒、五軒は美濃、二〇軒は近江の国地なり〉とあると司馬遼太郎氏は近江散歩の中で紹介しているが、家の数はそんなもので、あまり大きい変化はないようだった。集落の中程に自治会館のような平屋の建物があり、その前に〈ここは中山道　寝物語の里〉の看板が立っていた。古い家並みが尽きる辺りに、一本の杭と溝を挟んで石碑が建っていた。杭は道しるべで東美濃の国、西近江の国を指し、そして脇の幅五〇センチほどの溝が国境だった。この溝を挟んで旅籠が隣り合っていたのだ。今はこの辺りだけ空き地になっており、野菜でも作っているようだった。

ずっと古い家並みが続いていたが、美濃に入るとすぐに古い家並の中にニューモデルの家が現れ、その鮮やかな彩りにふと我に返るといった気分で、これが現代の街道の旅である。やがて工場のような建物が現れると中山道は一旦国道二一号線と交差して、国道と平行して延びる今須の集落にはいっていった。今須の街道も趣のある古い家並みがつづき、そのまま関ヶ原方面に抜けていってしまいたいような気分だったが、今須川沿いの新明方面へはここで南に分岐して行かなくてはならない。因みにこの今須の東はずれ、今須峠の西外れの明神社境内には静御前の墓があり、織田信長も馬上から合掌したとの言い伝えもある。

暫くこの今須の街道を東に辿ってみた。この雨の中で婚礼家具の搬入でもしているのか、家具屋の大きなトラックが古い二階屋の民家に横付けして、屋根までシートをかけて作業をしていた。死んだような静けさの中、そこだけ動きのあるような青い色が妙に浮き立っていた。その先も冷え冷えとした道が続いているだけだった。永代講のチラシが板壁に濡れて張り付いているのを横目に、元の道を返すことにした。

＊

集落西外れの信号を南に向かうと名神高速道路のガードをくぐり、一気にカーテンを開けたようなのびやかな風景が広がった。真っ直ぐに延びる一本の道、道の左右に広がる僅かな平地、そしてその両側に走る山脈。山脈というには余りに低い連なりで、丘陵とでも言った方が良いようなものだが、その道の彼方にガスに霞んでいる山並みの佇まいが、素晴らしく心地よい絵になっていた。鈴鹿山脈の東側にうねうねと連なる山地は養老山地の前衛の山となるのか、今須山、タカンジョ、ボンデンといった山々である。その遥かな山並みに奪われる視線を遊ばせていると旅情は一層高まり、低い山並みも山脈になってしまうのかもしれない。

竹の尻の集落は鈴鹿山脈を背にして、甍をほとんど同じ方向に並べて静まり返っていた。所々で製材前の木を並べており、暮らしの一端も覗かせている。時折疾走する車の巻き上げる水煙に巻かれながら、傘を叩く雨音を聞きながらブラブラ歩いていった。ガスに巻かれ、時折姿を現す山並みは、それはそれでなかなか良いものだった。

すっかり濡れ冷えて、熱いコーヒーでも飲みたくなっていたが、適当な場所がない。やがて新明の集落近くになり、祠のようなものがある木立にさしかかると、道脇の小屋が目に入った。待合い室のようなもので、小学生が座るような小ぶりの木の椅子がきちんと並んでいた。戸の脇には数本の置き傘がたてかけられ、そして部屋の隅の箱には子供のおもちゃがいくつか放り込んであった。

漸く一息ついてテルモスのコーヒーを飲むとひと心地着き、堅い道を歩いてきた足裏がホンの少し和らいだ。ガラス窓越しに、今須川の右岸の山並みを背にした集落を眺めながらコーヒーの湯気をあごに感じていると、時間は一層ゆっくり流れていった。

新明の集落をのろのろ過ぎてゆくと白い空気が弾けているように、明るい一角が近づいてきた。それはなんと、桜だった。古びた家並みの街道筋の落ち着いた空気の中に流れ込む華やいだような桜の香はいかにも心地よく、じわりと胸の奥にしみこんでくる。やがて馬頭観音の碑のある分岐にさしかかると、そこが近江に越える峠、観音峠への入り口だった。古びてすっかり文字のすり減ったその石の塔と、道を挟んで立つコミュニテイーセンターのような真新しい建物が妙にちぐはぐで、ここにきて落ち着いた街道の空気が突然かき回されたような気がした。

気を取り直して、暗い植林杉の山肌を左右に眺めながら林道をゆっくり登っていった。

息が切れることもないような登りで、傘に当たる雨音も小さくなる植林密度だ。やがて十五分足らずで平坦な台地に上がった。古びた石段が数段、その上にひなびた祠が建っていた。それが観音峠の観音堂だった。

観音開きの扉を開けるとすっかり磨耗した馬頭観音が座っていた。御堂はやや美濃寄りの山腹にあり、国境つまり鈴鹿山脈の中心は数十メートル西に行ったところになる。御堂からほんの一登りした峠の鞍部に一基の石柱があった〈従是東不破郡今須村〉の文字。

鞍部を越えるとやや抉れた峠道となり、ものの五分足らずで近江側の林道に降り立った。足を速めてきた雨足の中、暗い林道をゆらゆら下っていくと、時間は過ぎているのか遡っているのか分からなくなるような、不思議な空気の揺らぎだった。ほどなく指さしの浮き彫りのある〈左　います〉の石碑が立つ霊仙山柏原道登山道との合流点にさしかかった。

峠の登り下りわずかに二〇分。そしてそれに袋小路の集落への、三時間あまりの白々とした遥かな時間の流れを重ねると、狭隘な谷間の村から出ていく峠の持つ意味が、足裏の堅い疲れと共に一遍に甦ってくるようだった。

鈴鹿おちこちの人

M氏の遭難

手元に一冊の本がある。「近江百山」という、B5判のハードカバー。その年の五月二十三日に京都のナカニシヤから出たばかりだった。最近の百名山ブームの流れを受けて、近江百山之会という山岳会が滋賀県内の山の中から百山を選んでそれぞれ会員が手分けしてガイド執筆したものだ。いつかは出るだろうと予測はしていたものの、やはり出てしまったかという感じだった。

やはりというのは、そのときから四年ほど前に近江百山之会のM氏と雑談していたときに今度「近江の百名山を会で本にしますよ」と愉しそうに笑っていたからだ。そして時が流れ、その年の四月の中頃に彦根で会ったときに、「いよいよ出ますよ。あと一ヶ月くらいですか」と、自分も鈴鹿の霊仙山、鍋尻山、高室山、岳、松尾寺山、水谷岳などを執筆担当したことや、出版披露パーテイーが大津のホテルで行われることなどを嬉しそうに話していた。

そんな話があってから約一カ月後の五月二十七日、京都のナカニシヤから出版披露会場で頒布された特装本が届いた。とうとう出たんだな、とページを繰りながら奥付の集合写真の右端にM氏の得意げな笑顔を見つけた。お祝いでもしないと、などと思いながら週末を迎えようとしていた。

それから三日後、山に行きたし、用はあるしで気の重い日曜の朝だった。何気なく朝刊を広げると思いがけない見出しが飛び込んできた。「登山道から転落死　男性、鈴鹿山系で」

えっと思いながら読み進むとあのM氏のフルネームが載っていた。だがあのルートで登山道から一〇メートル転落、という事実がどうも分からなかった。川沿いの道は一部残っているものの、それほど高巻く危険な個所はない。姫ヶ滝までは河原を行くのが通常な筈と思いながら、大岩のごろごろする河原の情景を思い出した。

本当に亡くなったのかと半信半疑で、つい三日前に届いた「近江百山」を手に取った。M氏の文章を拾い読みしながら、文末に一言「コースの事前調査をして楽しい山行きを望む」、「道のないコースを歩かれるときは細心の注意をしていただきたい」、さらに「初心者はこの道は避けた方がよいだろう」などのコメントがあるのを認めた。その思いやりのある結語を見ていると、やや口をとがらせながら控えめに話すM氏の顔が浮かんできた。

それから一週間後のよく晴れた日、遭難現場に花を手向けようと佐目子谷に向かった。恐らく広河原辺りから右岸のそま道を行ったのだろうと思いながら辿っていったが、河原から一〇メートルも高巻くところがない。ゆったり続く登山道から見下ろす谷には初夏の日差しが溢れ、すがすがしい渓流の匂いが弾けていた。やがて左岸が屹立して行くにしたがい、烏帽子岩を過ぎ、数年前に崩落した大岩塊の廊下を進み、やがて取り付き点の姫ヶ滝に着いた。

水量は多かったが、いつになく明るい滝で、乙姫の伝説が薄れていくような気分だった。銚子ヶ口山塊に源流を持つ滝だが、大峠直下の水舟の池から溢れた水も混じっているかもしれないと思いながら落ち口を眺めていると、峠から見下ろす湖東平野のはろばろとした風景が蘇ってきた。かつての雨乞い道の峠から見る里は深い佐目子谷の先に遥かに広がり、人々の信仰の道とはいえその厳しい長い道中が偲ばれた。鈴鹿の地味な峠、山道の味わいというものとそうした人々との関わりに思いを馳せたときに、ふとM氏の在所が湖東平野のただ中の雅た地名であったことを思い出した。雨が降る野〈雨降野〉というその在所からは青々とした稲田が海原のように続き、その中に忽然と城のような雰囲気を漂わせながら村々が点在する。鎮守の社の黒々とした重い存在感が、淡い墨絵のような田園風景の中に夢のように漂っているのだ。

東を望むと北は霊仙山から近江カルストの山々、そして高室山の尖ったピーク、猫の耳のような三国岳、さらに御池岳の重量感溢れる山塊とその前衛のように蹲る犬上川源流の山々が、まさに屏風のように連なっている。山並みはうねり、湖東の本堂山、正楽寺山、松尾寺山、押立山から、さらに奥の雨乞岳や銚子ヶ口へと続き、途切れる気配を見せない。

M氏はこのような風景の中で五〇数年の日々を過ごし、そしてその山懐に分け入って、ある日忽然と帰らぬ人となった。稲田の緑が日増しに鮮やかさを増す中で、また季節が移り変わろうとしている。今、M氏はどこでこの風景を眺めているのだろう。

自然は静かに生き続けていた。四季折々の暮らし、風景の中に鈴鹿の山並みがいつもあるが、その時々の一瞬の輝きの中に、人が自然と触れあうということの意味が語られているような気もした。あまりに美しすぎる空と山、そして田園の緑のとけあう様が切なかった。

さらば怪傑紫頭巾

道のない山肌に取り付いて小一時間、雑木の急斜面も漸く緩みはじめた頃、ひらひら風に揺れるテープが目に入ってくる。こんなところに道しるべがと思う間もなく、あ、きっと紫色だなと確信に近いものが頭をよぎる。

頂上に達する尾根のあるところ、めぼしい所ほとんど全てにこの色のテープが結んである。また、谷へ下りるコースになりそうなところなどでも良く目につく。そして一旦この紫テープを目にするようになると、それがまるで導火線でもあったかのように、あとからあとから目に付くようになり、どこかに導かれていく。時には間隔が狭すぎて道のようになっていたり、少々鬱陶しいこともあるが、道を失った登山者にはきっと心強いものがあるかもしれない。

ときどき山のフォーラムの報告でもこのテープに遭遇した時の情景が紹介される。進む方向が分からなくなったときにこのテープに出会って心強かった、というものがほとんどだった。いつしか鈴鹿の愛好者の間ではテープの色にちなんで、テープの主を紫頭巾と呼ぶようになった。「あのルートでも紫頭巾が出没している」という会話がチラホラ聞こえて来るようになった。しかし、誰もその姿を見たことがない。

ある日、一枚の葉書が舞い込んだ。愛知県の海部郡からだった。「鈴鹿の山をルートを変えて楽しんでいる。ルートの分かりにくいところでは紫のテープをつけている。分岐では二本、そして頂上では三本」そうだった。あの紫頭巾だった。軽自動車で鈴鹿山脈の峠を越えて滋賀県側に来るのだという。そしてある年の雪の多い冬の午後だった。突然長靴を履いた小太りの男が目の前に立った。

「いやー、雪が多いだっきゃー頂上まで行けにゃーで戻ってきたでよ」大声の尾張弁が飛び込んできた。紫頭巾との邂逅だった。鈴鹿では三角点があれば例え一〇〇メートル規模の山でも出かけて行くのだという。定年後に一人、鈴鹿の山を自分のルートを探して辿っているという紫頭巾は、人の良さそうなおっちゃんだった。磊落、という言葉がピッタリ来るような快活さ。その後、ひょっこり思い出したように便りが届くようになった。高室山の東あたりに財宝が隠されているという倉骨十内の屋敷跡のことを知らせてくれたこともあった。それで、ははーん今年はあの辺りに重点的に出没するのだな、と分かった。テープの付け方は半端ではない。しっかり巻いて小包の紐掛けのようにしっかり止まっている。一人せっせと藪山を歩きながら、一心にテープを巻いている姿が目に浮かぶように なった。辺りは静寂の山稜、人の気配はない。雑木の林に揺れる紫色をみる度に紫頭巾の言葉が甦ってくる。「紫のテープを見つけたら、あいつがここにやってきたのだなと思って下さい」

そして初めてテープを目にしてから一〇年近くが過ぎた。紫頭巾がここも通ったのだなと思うたびに、まだ一人で歩いているのかな、仲間を見つけて歩くことはしないのかな、等と思うようにもなった。心なしか、その印の数も少なくなってきたような気もする。ふと雑木林をすり抜けていく紫頭巾の姿を思い浮かべるにつけ、もう十分足跡は印しましたよ、頭巾さん、テープが無くとも貴方の後ろ姿が見えますすよ、そう声をかけると、振り返った顔がニャッと笑っているような気がする。

神の山と街おこし

山都と言うと松本や大町のような北アルプスの玄関口の街を想像する。山の麓に広がる冷涼で空気の澄んだ街のイメージで、そこからは朝な夕なに刻々と姿を変える山が望める。多くの人々がそこを目指し、そして街は産業を中心として何らかの関わりを山と持っている。鈴鹿にもその玄関口と言われるような街がある。北から、霊仙山の登山口になる米原町醒ヶ井、同じく霊仙山や近江カルスト台地の山々へのアプローチの拠点になる彦根市。

更に御池岳や三国岳などの国境への前進基地になる多賀町、更に下がって中部や南部の山々への拠点として八日市市、土山町、更に甲南町といったように数多くある。そして近江商人で名高く、また伝統的な近江の祭で知られる綿向山の麓に広がる日野町もその一つである。

蒲生氏郷で知られる蒲生郡の日野は、氏郷が奨励した漆器日野椀作りでも知られ、氏郷が会津へ転封された時に氏郷と共に漆器職人が会津へ移るなど、領主と住民との絆の強かった土地柄である。その日野の中心にある馬見岡綿向神社は元々は綿向山の頂上に欽明六年、五四四年に創建されたものである。綿向山山頂の社を奥宮、町中の神社を本社としており、毎年五月に行われる日野祭は、その豪壮な山車が十六基町中に繰り出すことでも知られている。祭りでは芝田楽と言われる無形文化財も奉納され、その行いは伝統的な氏子のしきたりや儀式の中で厳粛に執り行われ、街は不思議な空気に包まれる。日野町はこのように神の山・綿向山を巡る街なのであるが、従来から山そのものは年一回の祭以外には特に脚光を浴びることはなかった。それが、一九九七年に突然綿向山の日、というものが出来たのである。

仕掛人は、地元の鈴鹿モルゲンロートクラブという山岳会だった。街興しの一環で観光協会とタイアップして、方位盤を綿向山の頂上に据え付けるということから始まった。Y氏はその山岳会の代表であり、会は綿向山と竜王山周辺の道標をこつこつと整備してきた。

鈴鹿の西外れの山で、湖東の平野部からそそり立つ姿はなかなかボリューム感があるものの、綿向神社の奥宮という印象に留まっていた。それが綿向山の日の制定で年中行事が一つ増え、標高一一一〇メートルのその山の高さにちなんだ十一月十日に街をあげての記念登山が始まったのである。

綿向山の東面はイハイガ岳から清水頭、そして雨乞岳へと続く鈴鹿の奥座敷へのスタート地点であり、東の山稜に踏み込んでいけば奥深い山の魅力に取り囲まれていく。Y氏との話は、いつも綿向山とそこから見える山の話題が尽きなかった。その頃から新しい活動を模索されていたのかもしれない。地元に根を下ろして商売を営む氏にしてみれば、街全体の取り組みとして綿向山と向き合うことで、その魅力を広く知らせようと考えられたのかもしれない。

最近日野町にはドイツの農村をイメージしたテーマパークが出来たりと、観光の面で大きな花火が上がりなかなか賑やかになってきた。しかし、その中心に座る神の山、綿向山の姿が揺るぎ無いのは、背後にある歴史の重みの醸し出す空気というものなのかもしれない。森閑とした昼下がりの旧市街、古い街並みの先に座る山の姿は神々しい。そして長い歴史のある家並の桟敷窓、あの日野祭の山車を見るための窓の佇まいは、それは静かで美しい。

藪山の邂逅

道の無い山でばったり人と出会うと、格別な感慨が沸き上がる。「こんな所まで一人で足を延ばして、余程鈴鹿が好きなんだなあ」と自分のことを棚に上げてついつい、不思議なものをみるような気分で、うれしくなってしまう。S氏と初めて出会ったのは、鈴鹿の奥座敷のど真ん中佐目峠。眩い雪原に座り込み、御在所や鎌ヶ岳など県境の山々を眺めながら握り飯を頬ばっているときだった。

峠の上の方からアイゼンの軋む音がして、ひょっこり逞しい若者が下りてきた。弾むような躍動感が漂っていた。「こんにちわ、いやーこんなところで人にあうとは——」それが最初に飛び込んできた声だった。

それはこっちのセリフじゃわい、と笑いかけながら話の花が咲いた。彼は愛知川からオゾ谷を辿りワサビ峠に上がった後、鈴鹿のジャンダルムといわれている険しい北尾根を辿りクラシに上がってきたようだった。ひとしきり山の話に盛り上がり、名前を交換。すると同氏は「辻さんですか、あの鈴鹿源流の」というではないか。ハイハイそうです、と応えると、あの本のコースに惹かれて登ってきたというしい感想。ついつい頬が緩みっぱなしになり、またの再会をと手を振り振り別れたのだった。

それから大分経って、ひょんなことで彼の名前をある山岳雑誌で見つけた。グラビアの迫力ある写真のキャプションの脇にあったのだが、おもわずその迫力ある写真の構図に眼が吸い寄せられていった。陰影のくっきりした山の風景が主題でありながら、その周辺の空や樹林などのマッスの効いた平面の表現が実に何ともいい味を出していた。精緻という言葉がぴったり来るような肌理の細やかさが、シンプルなモノクロ写真から伝わって来たとき、久々にノスタルジックなモノトーンの画像の味わいを愉しんだような気がした。原画はカラーだったのかもしれないが、モノクロで焼き付けられた主題が、辺りの空気とタイミング良くぴったり合ったのだろう。何か不思議な出会いだった。その後も時々彼の写真を誌上で見ることになったが、鈴鹿に限らずその写真から不思議な奥行きを感じたのはいった何故だったのだろうか。やはりモノクロの味わいと彼の視線の先にあるものとの融合、としか言いようがないだろう。恐らく彼の山歩きには、かなりしんどい部分と愉悦とでも言うような爽快感が背中合わせにいつもあるのかもしれない。

佐目峠での邂逅から一年半後、今度は霊仙山の岩ヶ峰を過ぎたところでバッタリと出会った。この時は権現谷の支谷から真っ直ぐ北に向かい、最高点の真南から霊仙山を目指していた。勿論登山道はなく通る人も稀なルートだが、岩ヶ峰に上がると人の後ろ姿が最高点の方に向かって笹藪の陰に消えていくところだった。

暫くして最高点に向かったが、尾根を外してしまい右に寄りすぎたところで遠くから声が掛かった。「もう少し左、左。そちらの方が歩きやすいですよ」と、何とも有り難いエール。がさがさ笹薮を抜けて最高点に上がると、「アレー辻さんではないですか。いやーこんなところでまたお会いできるとは」の声が被さってきた。

一年半ぶりの邂逅だった。あれから歩いた山々のことを足早に話してくれたが、ふとそばに目をやると可愛らしい女性が立っていた。ほのぼのとした空気が流れ、辺りの紅葉の彩りがいっそう鮮やかなものに映った。

ノスタルジア鈴鹿

印象的な一冊の本がある。「ノスタルジア　鈴鹿の山」という実に味わいのある和紙の装丁の本で、Ｋ氏自身のデザイン・製本になる私家版である。重量感のあるハードカバーを開き目次に目をやると、興味をそそるタイトルが立て続けに目に飛び込んでくる。

むかしの話、山麓の思いで、青春徘徊、よも山雑談、花、動物、山語りなど。どれも興味深い逸話、そして思いで話であるが、そこに一貫して流れている静かで穏やかな人と自然とが織りなす時間そのものの素晴らしさ。書かれている世界の底に流れている史実、その裏付け資料の読み解釈の楽しさがいっそうこの本の厚みを増している。氏にはこの他にも江戸時代の御在所登山を巡る興味深い著作を初めとする鈴鹿を巡る歴史関係の著書などもあり、その中に出てくる司馬江漢、津坂東陽といった人々の生きた時代の空気の中に、いきいきとした鈴鹿の風景が浮かび上がってくる。古文書・文献の一見堅苦しい世界を同氏なりに解説し再現する世界に豊かな時間を感じる。

ある時、電話が鳴った。印象的な電話だった。それは私の住む町の寺の過去帳で〈嘉助〉という人の江戸時代の居住の有無を確認できないかというものだった。その男は八風峠を越えようとして凍死した歌舞伎役者、中村十蔵の従者だったらしいが、詳細が分からないということだった。確かそのような話が、西尾寿一氏の「鈴鹿の山と谷」にもあったが、湖東地方の出身だったとは知らなかった。たまたまその該当の在所の寺が、息子の同級生の家だったこともあり聞いたところ、その頃の過去帳は既に無く、また嘉助という名前だけではどうにもならないということだった。

その後K氏からは氏の所属する山の会を通じて毎号会報が送られてくるようになったが、その会報の内容の豊富さには驚いた。会員の方々の豊かな経験に裏付けられた興味ある記事は、たとえば星座や音楽の話に始まり、数十年前の北アルプスに集う若者の様子、また山をめぐる書物との出合いやそれにまつわる心温まるエピソードといったように、ページを繰るにつれて気持ちがゆったりと安らいでいくようだ。特におちこちの人々との出会い、そして自然の中で人々が慈しみ育ててきたものがいったい何であったのか、それらとの出会いは、まさにノスタルジアとの出会いでもあるのだが、既に失われてしまった風景や、考え方というものをいつも改めて考えさせてくれる。勿論いつも面白い鈴鹿の逸話、歴史が満載されているので楽しみにしているのだが、ページを繰る度に立ち昇る空気は、山稜や草原、あるいは渓流に出会う気分に似ている。そしてその感動は昔も今も変わらないものなのだろうと、そう思うにつけよい場所でよい時間を過ごすと言うことの大切さを改めて思う。

絵地図の世界

「なぜ山に登るのか、みんなが登る山の行動図集」そう銘打った絵地図集が手元にある。笹ゆりのカットの上に、鎌ヶ岳から御在所岳を経て根の平峠までの山並みの輪郭が図案化された扉を眺めていると、次第に懐かしい気分に包まれていくようだ。次にページを繰ると巨大な御在所岳のイラストが目に飛び込んでくる。ロープウエイを中心に山上一帯のカモシカセンターや、朝陽台、雨量レーダーや望湖台そして御岳大権現の社までもが書き込まれた絵は、眺めているとまるでジオラマの世界に入り込んで行くかのような臨場感が漂っている。そして左隅に書き添えられた一遍の詩が、御在所岳の魅力を簡潔に謳っているのだった。

暫く山の詩が続き、山と向き合った著者の過去二六年余りの思いの丈が綴られたあと、鈴鹿全域にわたる詳細な絵地図の世界が始まるのである。概念図とも違う、立体的なコースの表現はイラストという形式をとりながらも、実際の距離を正確に縮小した縮尺になっているところが際立っている。そしてコースの間を矢印でつなぎながら、分かりにくいところでは正確で、ややユーモラスなイラストやコメントもつけられており、思わず微笑んでしまう。

この絵地図に初めて出会ったのは、三重県の三岐鉄道の駅だった。まだ鈴鹿に登り初めて間もない頃で、簡単なガイドマップくらいのものだろうと思ってさほど気にも留めなかったのだが、歩いたあと実際に見直してみると、そのコースの表現の正確さに驚き、そして歩いた山の印象がいっそう鮮やかになっているのだった。どんな人が作っているのだろうとの思いが次第に膨らんでいったが、ようやくある年の冬に名古屋で氏の講演会があるというので出かけてみた。

*

前の晩から降り続いた雪は朝になっても止む気配がなかったが、新幹線で米原を過ぎると雪は更に多くなり、車窓に流れる山間の集落もすっぽり雪に埋もれていた。松尾寺山越しに覗く霊仙山の山腹も真っ白で、上の方は雪雲ですっぽり被われている。日本海を中心に大雪警報も出されている日、東海地方も多少は影響はあるのだろう、などと思いながら北鈴鹿の山並みに見入っていた。

関ヶ原を過ぎ、やがて養老山地が窓の外に迫ってくると程なく濃尾平野に飛び出た。突如として空は明るくなり、眩いばかりの太陽の下に青々とした平野部が広がっていた。一瞬呆気にとられたような気分で目を凝らすと、雪化粧した養老山地の頭越しに、輝くばかりの鈴鹿山地がそびえていた。米原を発って三〇分足らずで季節が移り変わったかのような不思議な気分だった。

人でごった返す名古屋の地下街から地下鉄に乗り五器所という駅で下車。住宅街に入り込んだ一角に会場があった。開場一時間前だというのに既に集まっている人が結構いた。入り口で待っていると、どんどん人が集まってくる。氏の講演に期待する人が多いことが察せられるが、やはり中高年登山ブームといったところなのか、年配の方の姿が多いようだ。会場の係の人の話では、一五〇人ほどは集まるのではないかということだった。

やがて会場に入ると、テーブルは三人掛けでぎっしり埋まっていた。見ると御池岳の池守りこと、Y氏やいつか佐目峠で会ったS氏、そして御池そま人さんことK氏ら、名だたる鈴鹿好きの方々の顔があった。

やがて分厚い絵地図の資料が配られ、O氏の講演が始まった。開口一番、「私は地元熱田区の出身で、熱田弁しか喋れんもので」との率直な語り口で山の話が始まった。話は山歩きを始めたきっかけに始まって単独から山岳部創設を経て絵地図作成を始めるまでを様々なエピソードをユーモアを交えながら話された。

山歩きを始めるきっかけとなったのは一九六五年に中山七里を旅行したとき。その時出会った人から聞いた鈴鹿、龍ヶ岳の素晴らしさに惹かれて訪ねたのが始まりとのことだった。

絵地図は登山の安全を期して山岳部時代に始められたというが、氏は職場での専門が設計だったこともあって、地図の作り方は詳細で実にユニークだ。山に入るときに小さな鉛筆を胸に、様々な情報を紙に書き込んでいく。目標となるポイント、分岐、標高、コースタイム、通過時間、水場、池、滝、史跡、ザレ、ガレ、岩峰、笹分け、注意、危険個所の表示、沢の渡り返し、展望風景、登山中のエピソードなど、一つ一つ書き込んでいくのだそうだ。更に縮尺を考えながら三千分の一、六千分の一、そして最終的には五千分の一の図面へトレースしていくのだという。方眼紙を使い縮尺を考慮しながら仕上げるのだそうだが、これは大変な労力である。因みに一枚の地図を仕上げるのに三〇時間はかかるという。

概念図でありながら実に正確な行程と縮尺、そしてコースガイドの表現が明瞭なのはこうした精緻な作業がその基礎にあったのである。分かりやすく、いきいきとしたガイド表記のある絵地図は眺めているだけでも愉しくなる。

あっという間の二時間余りの講演会だった。ユニークな山との関わり方を話される氏の足元を見ると、しっかり山靴を履いておられた。そして傍らにはザックも。いつも心は山にある、そんな雰囲気の氏である。

講演が始まってすぐに、ニコニコしながら言われた言葉が印象的だった。

「私は山に行くときはザックにいつもミカンがたくさん入っています。今なら、ハッサク。そして山で会う人に一つづつあげるのです。ですから私のザックはいつも重い」。もうすぐ七〇台の後半に入られると言うが、生き生きとした話ぶりとそのバイタリティに圧倒されてしまった。

薮漕ぎ讃歌

膨大な労作が目の前にある。「幻の池を求めて　鈴鹿御池岳・薮山讃歌」「広芒の山　薮漕ぎ讃歌」「御池岳春夏秋冬　薮漕ぎ讃歌」「御池岳残雪　薮漕ぎ讃歌」の四冊。全て知られざる御池岳の世界を表現した著作である。広大な笹原、樹林の中に眠る池探しに始まり、その茫漠とした世界の中から一つ一つ探し当てる珠玉のようなひらめき。御池岳の薮の中から生まれる一筋の道、四季の彩りの中から生まれる人の生命や道と言ったはっきりとした思考の対象に向かって、苗木が巨木に成長していくような感慨が読み進むうちに沸き上がってくる。

御池岳を巡る池探しをきっかけにしてK氏が一つの世界を創り上げたことは、「御池岳春夏秋冬　薮漕ぎ讃歌」の中にはっきり現れている。つまり爽快な山歩き、知られざる池を探すと言ったパイオニアワーク的な行為から発展したその世界は、世代論・中年論にまで拡大されていったのである。巻末の資料の中で氏は、日本生活指導学会での提言〈「わたしの幻の池をもとめて」「広芒の山　御池岳」の世界と中年の世界〉について述べている。つまり「人間における中年期の空白」とそれを克服するためにどうしたらよいのかというテーマの中で、鈴鹿の御池岳の池探し冒険物語を取り上げたのである。提言は動機に始まり、方法論そしてそれによってもたらされたもの、更にテーマがテーマを生んでいくという行動の発展性についても触れている。

子育てが一段落し、前からしてみたかった冒険、未知の世界の探索に向かうという動機から始まった廃村巡り、更に御池岳の池巡りへとのめり込んでいく。そしてそこでの先達との出会いを通じて、池探しの方法論に一層磨きをかけていったのである。自己の責任において地図を読み、時に迷い、更に人々との交流の中から生まれる世界と行動の完結、つまり記録を完成することで更に広がる世界を意識していったのである。

氏の中年論はここにきて「忘れられていたものをもう一度見つけ出すこと、すなわち人生の前半期に置き去りにされてきたものをもう一度掘り出していく」という壮大なテーマに昇華していったのである。

氏は行動の過程で様々な交流を行い、そして人々の輪の中からじわりと一つの世界が広がっていった。そしてこのときから御池岳は、単に自然を愛でるというだけの場から、考え、行動し、そして交流し、また考えると言った新たな生き甲斐論の実践の場へと発展していく様相を見せ始めていったのである。だがそれは氏が教育者であるということとは別の接点にあるというのが、いかにもやぶこぎ讃歌の提唱者らしい。

視線をさまよわせること、四方を見渡すところから何かが始まるというその行動原理に共鳴する。以前、山のフォーラムでのコメントのやりとりに、印象的な一言があった。「既知と既知の間は未知」。何というひらめきだろう。その点と点をつなぐという作業の楽しさは全ての分野にも通ずるような気がする。未知は道の模索につながっていくという氏の発想の豊かさに思わず足が止まるような気がした。

「道とは、つまり未知とは人々が試行錯誤しながら、全身で共同で作り上げていく知的な文化なのだ」この言葉が氏の発想の源となっているようだ。雨乞いの道も炭焼きの道も、そして心の癒しの道も突き詰めてみればそのような道なのかもしれない。

エール

ある年の春先、まだ雪の所々残るフジキリ谷の林道を歩いていると後ろから一台の車が近づいてきた。この残雪期にどこまで入るつもりだろうとその後ろ姿を見送ったが、やがて桜地蔵までさしかかると件の車が止まっていた。そしてその陰から一人の男性が顔を覗かせ、声をかけてきた。

「辻さんですか。わたしNです」ああ、あの方だとすぐに分かった。手紙を二、三度やりとりしたことのある八日市市にお住まいのN氏だった。鈴鹿の山に興味を持つ人の間ではよく知られ、あの「近江鈴鹿鉱山の歴史」で秘められた鈴鹿の鉱山の実態を明らかにされた人で、地元では郷土史の研究者としても良く知られている。八日市の郷土史研究会での精力的な活動も、様々な雑誌に掲載された報告書で知っていた。

非常に広範囲なその研究テーマは、「霊仙山の伝説と歴史」に始まり、湖東の民間飛行家に焦点を当てた著作、炭焼き関係の研究、更に相場の動きを知らせた旗振り山などの研究など非常にバラエティに富んでいる。その時は短い時間にも関わらず鉱山の歴史に関する話を通じて、氏の鈴鹿の山との関わり合いを知り、そして霊仙山の歴史についての話も聞けるなど有意義だったが、何よりもお会いしたその場所が印象的だった。桜地蔵の御堂は御池鉱山の隆盛の名残を留めていると氏の著作にもあり、御堂の扁額にある大正九年奉納の文字に歴史を偲ぶことが出来る。鉱山が出来てからは「あかがね地蔵」「赤金不動尊」と名前が変わったこともあるというその地蔵堂は、いわば氏の鉱山研究の原点の場所なのだった。

その日は杉峠から雨乞岳に登るというので、奥の畑谷から同じ場所を目指していた私はそこから別行動になったが、やがて雪の頂上に登りつくと氏の影はなく、足跡が東雨乞岳方面に延びていた。雪の山頂でのひとときの後、杉峠へ下山ルートをとりながらふと東雨乞岳方面に視線をやると、遥かな山上の人影が揺れていた。N氏だった。くっきりと青空にせり上がった白い山頂が、何か特別な場所のように輝いていた。いつまでもエールを送ってくれるその影に応えながら、氏の著作の奥付にあったコメントを思い出していた。

「大好物は鈴鹿の夕日を眺めながら飲む酒」と、「さあ次に鈴鹿はどんな課題を与えてくれるか、楽しみである」

さわやかな空気が流れ、そして次に、谷間に惹かれて重ねる年月も山上にある一瞬も全て良きかな、といったしみじみとした気分が沸き上がってくるのだった。

風のさまよい人

奥ノ畑峠から見上げる雨乞岳が大きかった。東に登っている笹の斜面は茫々とした風情で南雨乞岳へ続いていた。もうあと一息。次第に深くなる雑木の間を埋める笹、黙々と登っていくうちに雑木の森を抜けて小さな頂上に引き寄せられていく。そして頂上に一人の男性がいた。ビールの缶を片手に、雨乞岳に目を細めていた。

「こんちわ」という型通りの挨拶が飛び交い、やがてどこから来ましたとのお互いのルート確認。稲ヶ谷から直接南に上がったというので、思わずその顔をまじまじと見つめてしまった。凄い人だと畏敬の念が沸き上がったが、妙にその人を取りまく空気に懐かしいものを感じたのはなぜだったのだろうか。暫くして別れ際に名前を交換して思い当たった。そうだった。その人こそ鈴鹿では知る人ぞ知る、号をRと称する鈴鹿市のT氏だった。

どんな道無きルートでもガンガン行ってしまうにもかかわらず、飄々としてさまよい歩く懐の深さをも持つといわれている人で、山に鈴を描いた妙に印象的なマーキングをする人だった。新ハイキングという雑誌で読んだ氏の「夜叉ヶ妹池」と題する文章を読んでいた。軽妙な中にも瑞々しい山の空気の描写と、その中にいる幸福感がじわりと伝わってくるようなその紀行文がずっと頭にあったので、初対面という感じではなかった。

その後、幾度か雑誌で鈴鹿の渋いルートの報告を拝見し、ああ元気で登っておられるのだなあと思いつつも月日が流れた。そして今度は愛知川の白滝谷の出合でばったりと出合った。一年半ぶりのことだった。三重県側から鈴鹿山脈の峠を越えて愛知川核心部に下りてくるというのは、やや距離感のあるルートのイメージだ。滋賀県側からはさほどの登りもなく入山できる山域なので近所という感覚ではあるが、そんな気分での早朝、おもいもかけず出会った華やかなグループのなかに、彼の笑顔があった。

一年半前に一度会ったきりだというのに、全くそんな感じはなく、顔を見た瞬間にたちどころに親しい知人にでも会ったような気分になったというのも実に不思議だった。ああ、ここもあそこも歩いておられるな、何処をどういうように登る人なのか、そういったことが何となく分かってしまうというのが、懐かしさのゆえんかもしれない。

ある時、自作の霊仙山の概念図を送ってくれたことがあった。幻の霊仙寺を巡るルートを想定する地図だったが、同じようなところを歩いているなと、つくづく可笑しかったことを覚えている。暫くして谷山谷の屏風岩の対岸から真っ直ぐ南東の郡界尾根をたどる報告を頂いたことがあったが、それは実にいいルートだった。私もかねてこの辺りを巡る参拝ルートを想定していたこともあって、その報告を受けて一週間後に確認に行ったものだが、想像に違わず霊仙寺のイメージはぐんと膨らんでいった。途中の高木の森に憩う時間も良かったが、ゆったり登る幅広の尾根に漂う非日常的な空気、つまり苔むした岩の間に点在する灌木の陰から、紛れもなく霊仙寺へ詣でる人々の群が垣間見えてくるのだ。一見荒唐無稽な想像でも、真剣なノリで遊んでしまう面白さは知る人ぞ知る。時に結構厳しい遊びになり、ビバークなどということも実はあった。

笑顔の良い人だ。人を惹きつける気分の良さが体から立ち昇っている。そこに共有できる時間があるのだった。ほんの僅かな時間にそれだけのことを感じさせてくれる人というのは、そうざらにはいない。よくよく考えてみれば、鈴鹿そのものが歩いているような人なのかもしれない。またどこかで、味わいのある軽妙な紀行文に出会えるだろう。

開拓者

鈴鹿の山は主な山とコースを除いてはほとんど道がない。この場合はしっかり整備された道という意味で、微かな踏み跡らしきものはこの限りではない。しかし数十年も前に炭焼きが辿った道や、縦横に山肌を走る獣道は頼りがいのある道しるべでもある。道無き道を辿り山頂に達したときの充足感は、まさにパイオニヤワークの精神といった気分そのものかもしれない。

滋賀県近江八幡市在住のI氏は近江側から登る鈴鹿の山々と題して、「新ハイキング　関西」誌に連載をされていた。氏は鈴鹿の主要な山の考えられるルート、ほとんど全てに精通されているものすごい人だが、ただ単に頂上を極めるだけでなく山の植物に情を注ぎ、またある時は山の恵みに目を細めるというように、山と自然との一体感を全身で味わいそれを表現するような山行を続けておられる。

「辻さん、こんなルートがありますよ。この間登ってみたのですけど想像していたよりも遥かに良いですね。どうぞ、行ってみて下さい」こんなセリフが氏の口から出てくると、またどんな素晴らしい風景なのか、想像するだけでワクワクしてくる。

*

いいなのコバというユニークな名前を付けた秘密の場所もそうだった。東雨乞岳から南東に延びている滋賀県神崎郡と甲賀郡との境の郡界線尾根で、新ハイキング誌で連載の最終回に秘密ルートとして紹介をされたもので、雨乞岳から御在所岳まで連なる尾根に登山道はない。ただ、武平峠から雨乞岳に向かう一般ルート上にある峠、沢谷峠でこの郡界線と辛うじて交差している。I氏は沢谷峠付近から西の雨乞岳に向かう途中の一〇一四メートルピークを次のように紹介したことで、この素晴らしい場所が一躍有名になってしまった。

――「右下から谷がV字形に切れ込んできた。谷の源頭に向かってゆるく登ると、深々と積もった落ち葉が山全体をおおっていた。動物が寝ころんだような跡もある。下草は全くない。青空をバックにした冬枯れの明るい樹林だ。いいな。いいな」——

こんな紹介をされたら、誰でもまず行ってみたくなる。そして早速出かけて行った人がパソコン通信の山のフォーラムで報告したら、この時からすっかり秘密ルートではなくなってしまい、その後を追って秘密ルートの報告が続くようになった。そういう私も発表から数ヶ月経って漸く足を向け、どんな所かと期待しながら氏の言うルートを逆に雨乞岳から東雨乞岳を経て郡界線の尾根を東に下っていった。

東雨乞岳から東南に下っている尾根は爽快だった。獣道が無数に通じている斜面は確かに笹薮に始まったが、正面に御在所山や鎌ヶ岳など、鈴鹿の顔とも言える華やかな山を眺めながら鼻歌まじりで下っていく。そしてものの三十分足らずで樹林帯にさしかかると、下草もなく伸びやかな雑木の森に包まれていくのだった。ブナの木立を過ぎて稲ヶ谷からクラ谷に乗り越す鞍部に下り立つと、東に素晴らしく清々しい空気を放っている雑木のピークが盛り上がっているのだった。一〇一四メートルピークだった。

緩やかな斜面を一登りするとサアーッと空気が変わった。落ち葉のカーペットを敷き詰めたような緩やかなコバが広がり、背の高い木がゆったり配され、まるで庭園のようだった。緩やかな斜面は東に浅い谷を刻み、周囲の森から絞り出された水を集めている。まさに優しい源流の風景が広がっていた。〈いいなのコバ〉とはよく言ったものだ。ブナの木の醸し出す雰囲気がこの地形によく合っている。

この時は一晩泊まって、翌日は北の七人山のコルへ向かってクラ谷の源流帯になる東雨乞岳の東斜面をトラバースしていったのだが、いいなのコバから暫く北に行ったところで素晴らしくのびやかな樹林帯に出会ったのである。広々とした平坦地は山腹のイメージには遠く、まるで信州の高原の森にでもいるような牧歌的な気分に満たされたものだ。

I氏はその後その牧歌的な森へも訪れ、すっかり気に入られたようで「何かいい名前が付きませんかね」などと言っておられたが、鈴鹿市のRさんのグループではこの辺りを、近くにある七人山ほど大きくないと言うところから、三人山とか呼んで楽しんでいるとも聞く。色々な人が、それぞれのいい気分で過ごす場所に事欠かない鈴鹿である。

池守り人

山上に二五もの池が眠る御池岳。確かに御池岳という名は付いているが、池そのものは一般には登山道脇の目につきやすい真の池くらいしか知られていない。だが、この人の御池岳を巡る池探しという活動があるということを知って以来、新たな御池岳の魅力に取り付かれてしまった。

季節を変え、コースを変え池を訪ね歩いた。資料はY氏の報告書、そしてK氏の一連の御池岳の著作だったが、池に到達するための負荷として常に単独を自分に課すことにした。池の存在そのものはもう知られているのだから、いつかは行けるはずで何も単独にこだわる必要はなかったのだが、Y氏の行動そのものに敬意を表する意味もあって一人でいつも探した。氏の山行の日は、その日のうちにレポートがファックスで届く。報告は時系列的に詳細を極める英国方式で、文末のフィールドノートはその山の顔をいっそう生き生きと見せてくれる。

池の探索中に池ノ平の火事に遭遇したのも、懐かしくも危ない思い出だ。そして一つ一つ訪ねあて、ようやく一ヶ所を除いてほぼ全てに到達することが出来た。この頃になるとY氏はこんどは鈴鹿山脈完全縦走を初めとして、土倉岳の池、あるいは静ヶ岳、そして霊仙山周辺の池探しというように、後から後から対象と課題を広げ向かっていった。なんと雄々しく、そして活力ある姿だろうといつも思っていた。

氏の御池岳池探しは一九八九年に始まり、その後の五年間で二三の池を確認されたと所属する藤原岳自然探査会の会報で語っておられるが、この時点においてメジャーな池として地図で認知されていたのは元池と真ノ池だけであった。元池はやや笹が被って到達が困難だったものの、その後一九九六年の五月に池ノ平が燃え、一帯を埋め尽くしていた笹原が消えて元池はハイキングルート上のスポットになってしまった。そして一九九四年から八年にかけて、K氏の一連の御池岳藪漕ぎ讃歌シリーズが刊行されたことで、御池岳池巡りはメジャーな世界へと脚光を浴び始めたのである。

その後も池を巡る紀行文が山のフォーラムや、雑誌にも相次ぐようになったが、年を追うごとにあの茫漠とした御池岳の笹海に微かな道筋が付くようになったのは、それだけやぶこぎ讃歌の活動が浸透していったということになるのだろう。

Y道という道なき道があるという。氏の動物的勘の働く道筋は、手強い笹海の中にも通じているのだという。こんなところに道があるわけないと思いつつ、彼の後を付いていく人々はその不思議さに驚き、池を巡る伝説の〈池守り〉の名とともに鈴鹿愛好者の間に記憶されることだろう。

四季折々、一番良い時期に池を巡るつもりで笹海に分け入り樹林に包まれるとき、Y氏と出合う機会が多い。

印象に残っている年がある。ある年の秋、南池の辺りでバッタリ出会ったとき、彼は開口一番「今年の紅葉は今までで最高ですね」との讃辞を樹林に投げた。

その言葉を受け止めた瞬間、池の佇まいと共にこの山全体を覆う空気が、ゆったりとたゆたうように動いたような気がした。両手をポケットに突っ込んで飄々と足を運んでいくY氏の姿は、伝説の池守りに相応しく、仙人のような雰囲気に包まれていた。

道連れ

一人で歩くことが多い。というより単独でしか山に登らなくなってからもうどのくらいになるだろうか。「単独行」などと書くと、いかにも格好が良いが、その実一人歩きが本当に良いなどと思い込んでいるという訳でもない。自分のペースで山を歩いているうちに、ふと周りを見回すといつの間にか一人になっていただけのことだ。

山に登り始めた頃は、いつかは冬の北アルプスをとグループでトレーニングに励んだりもしたが、自然と単独行になっていった。そのうちに何の脈絡もなくヒマラヤに憧れ、そのための氷雪技術を身につけようなどと色々もがいた時期もあった。やがていつのまにかヒマラヤの山からその麓の世界に惹かれるようになり、気がつくと里山のような所ばかり歩くようになっていった。そして山に行きながら、山以外から得たものが次第に多くなっていった。

その頃まだまだ山は若者だけの世界であり、中高年ブームなどという言葉もなく、それも当然のことで世は高度経済成長のただ中で皆頑張っていた。金はないが、暇はあるという若者だけが山に溢れていた時代である。考えてみると随分長いこと山に登り続けている。

高校二年の林間学校で登った東北の磐梯山から強烈な印象を受けてからというもの、それから山というものが大きく頭の上にのしかかるようになった。二〇代にかけての五年ほどは度を越した山三昧で、周囲の心配をよそにまともな道から次第に外れていった。以後はずっと山、山で結局五二歳の今日に至っている。そして時の流れに比例するように、いつの間にか昔の仲間は山に行かなくなっていった。次第に一人の機会が多くなり、それに慣れていった。その後も大した山登りは出来ていないが、よくまあ飽きもせずに続いているなと思う。そして昨今の中高年登山ブームである。

好天の稜線には元気のいいグループが列をなし、皆自然の中で健康で文化的な人生を謳歌している。良い眺めである。こちらは相も変わらずのマイペースで歩いているが、道で挨拶を交わすくらいのことはする。

＊

「こんにちわ」「いや、どうも。今日はいい天気ですね」に始まって「どちらへ」と行き先を確かめ合うこともしばしば。時々「どちらからですか」などと、出所を聞かれたりもするが、それはこちらの言葉のせいかもしれない。関東弁の口調が未だに抜けない。とにかく著名山岳に登るときのウォーミングアップといったところだ。そして先日、鈴鹿で人気の高い、ある山に向かっていたときのこと。

例によって、後から声が掛かった。「こんにちわ〜」

お、妙齢の女性の声だな、ラッキーといった気分で振り返るとこれが山慣れた雰囲気のしっかり者風の中年女性が一人。意外に大きい荷物だが、泊まりでもなさそうだ。足下は年季の入った山靴で足取りもしっかりしている。やがて例によって挨拶代わりのルートの確認となる。

「〜峠の方には行かれません!?」ときた。う、同じ方向だ。あのコースは今が旬だし、結構多くの人が行くのだろうと思いつつ、「ええ、一応そちらの方を考えています」と応えると、きわめて明瞭なリアクションがあった。

「ああ、助かった。一人では不安だったので、助かります」

エエーッ。やばい、同行を望まれているらしい。これは何とか理由を付けて断るしかない。一人ののんびり、静かに歩きたいあの尾根だ。それにしても何という心臓の女性だろう。怖くないのかな、こんな髭面の男と二人で歩くなんて。すかさず言葉が続いてきた。「鈴鹿は一応ほとんど歩いていますけど、あのルートだけはちょっと自信がないもので」

「そうですか、あのコースは峠の藪だけ気をつければ」などと応えているうちに、いつの間にか肩を並べて歩き出していた。やばい、完全にパーティーの雰囲気になっている。用事か何か作ってちょっと戻るか、いやスッパリ断った方が良いな、などと考えていると、女性はニコニコと良い笑顔で話を繋いでくる。やがて谷道の登りを前に、再び声が掛かった。

「ちょっとストックを出しますので、先に行って下さい」おお、遅れるらしい。今しかないなこれはと思いながら、「それではお先に」といいつつ、既にピッチを上げるつもりになっていた。

グングン登っていったが、これはちょっと違うペースだなという感じがどこかにあった。三〇分ばかり休まずに登り続け、結構な汗をかいてしまったが、とにかく何とか引き離したという安堵感があった。ふっと息を吐きながら辺りの樹林に見入っていたが、ザックに水筒をしまっていると、軽快な靴音が聞こえて来るではないか。「えーっ、なんて強いんだ」

やがて、「どうも〜」などといいながらニコニコ近づいてくるその姿を見て、完全に意気消沈。そうか強いんだ。若いんだ—と思いながら、冷静を装いつつ「イヤー緑が良いですね」などと気取っている我が身が情けない。

まあとにかく行けるところまでの道づれになるか、と歩調を合わせることにした。登山道から離れて藪を漕いで池の畔に出たり、藪の斜面を這い上がって普通あまり見慣れない風景を案内したりと、結構なサービスぶりに我ながら意外な一面を発見した思いだった。腰を下ろして一息入れていると、すっと果物かなんか出てきて、「どうですか」などとくると、妙に恐縮して「いや、結構です」などと、妙な具合の道連れ登山だ。休みの間に色々話を聞いているうちに、ふと聞き入ったりしている。

やがて山頂に着くと、結構な賑わいだった。その女性の知り合いも居合わせていたらしく話が弾んでいた。ようやくホッとして少し離れたところに腰を下ろして昼飯となった。これで後はのんびり行けるなあ、などと思いながら握り飯を頬張っているとこちらに戻ってくる。

「同じ山岳会の方なんですよ」と、聞いているわけでもないのに色々会の話をしてくれる。「ああ、そうですか」と、もう面倒くさくなって辺りの景色に気を取られながら、それでも相づちを打っていた。やがて予定通りのルートを下ることにして出発。

快晴の尾根を下り出すと、次第に気分がのびのびとしていった。登りと違って多少の気分的余裕もある。それで聞くともなしに件の女性の問わず語りの話を聞くようになった。どのくらい経ったのか、ふと気がつくと景色が違うような気がする。道を間違えたわけでもないのに、おかしいなと思いながらよく見ると、思っていた以上に行程が捗っていたのだった。いつの間にか峠近くまで来ていた。とうとうここまで来てしまったか、もっとのんびり景色を眺めたかったな。時間の流れかたが早かったなと思いながら問題の藪地帯を突破した。

ようやくホッとした気分で「後は良い道を下るだけですよ」というと、せっぱ詰まったような顔つきでボソボソと返事があった。よく聞き取れなくて、えっと聞き返すと「ちょっとトイレに行きますので、先に行って下さい」とのこと。

「ハイ、ハイ分かりました。じゃあお先に」と言って、そのまま後ろも見ずに早足でその場を離れたのだが、樹林の道を下りながらも心なしか早足になっていった。もう迷うこともない道だし、大丈夫だろう。そんなことを考えながらどんどん下っていったが、もう林道はすぐ下という辺りで急に足に不調を感じた。

膝に近い大腿部の両側が攣ってしまったのだ。硬直したように足が伸びきって動けなくなってしまった。これはいかん、不慣れな歩き方をしたので足の筋肉が反乱を起こしたのかもしれない。登りで急いだり、トロトロ歩きになったり、そして下りでは半ば飛ぶように、と。足に良いわけない。

「ウーン、また追いつかれるな、何とか脇に入って大休止しなくては」

と、何とか足を引きづりながら登山道を外れ、斜面を少し下ったところに良いコバがあった。ホッとして、足のストレッチをしながら消炎鎮痛剤を擦り込んだのだった。

それから暫くぼんやりとしていたが、そのうちどこからか人の話し声が流れてきた。グループの声が飛び交っているようだった。中に聞き覚えのあるような女性の声が混じっているような気もした。どうやら同行者がまた出来たらしい。ほおー、良かった、良かった。

ようやく痛みも収まり、ゆっくり立ち上がって再び登山道を下り出すころになって、気持ちが落ち着いてきた。下りながら、道ばたの花や樹林の茂りが急に生き生きと迫ってくるようだった。風の音も、枝の擦れ合う音も、鳥の声も良く聞こえるようになった。ふっと一息入れ、辺りを見回しながら下り続けた。そして良い構図になりそうな樹林帯に差しかかり、ザックを下ろしてカメラを取り出した。

その時ふと、思った。そうだこのペースでやれば良かったのだ。いつものペースでやれば、道連れがあっても調子が狂うこともなかったのだ。そんなことを考えながらも、賑やかな山頂や、問わず語りの話を聞きながら歩いた先ほどの時間をどこかで懐かしんでいた。

渓流の人

出会い

夏を思わせるような日差し。とうとうそんな季節が来たと思いながら頭の隅のカレンダーをめくるが、ついこの間までの残雪の印象が強くて、なかなかこの暑さが現実のものと受け取れない気分もある。

「いや、待てよ。未だ梅雨まえだ――。もう少しでその気になるところだった。しかしそれにしてもいい天気だな。こんな日は岩魚でも追っかけてみるか」

眺めのいい山頂で花を愛でるなどという愉しい山歩きもいいが、やはりここは水遊びに限るとばかりに釣り竿を出して、キュッキュと磨き始める。「だが、まてよ。こんな日は人気の谷は大賑わいだろうな。のんびりと竿を出すなんていうのは無理かな」あれやこれやと考えながら仕掛けを幾つか作り上げて、ザックに放り込む頃にはもうすっかりその気になっている。まあとにかく谷に向かおう。

六月の声を聞く頃になると、何となくハッキリしない空模様もあって鬱々と渓流に遊ぶ日が多くなる。自然、爽快な山の空気を伝える山行記からも遠ざかっていくことになる。

釣り、水遊びでもそれなりの山の空気が漂っており、いい気分の時間が流れるのだが、そこは竿を持つ身としては、釣り風景や場所などつい漏らしたくなるのだが、これがなかなか思うようにいかない側面もある。

先日、岩魚の話に関しては特定の場所が分かるような記述は避けてほしいと、趣味で放流をしている人から言われた。鈴鹿の谷に岩魚を増やそうとの思いから始められたとのこと。それを聞いて一瞬とまどいを覚えたものの、信念を持ってやっておられるようなので了解した。とはいうものの、それまで山行記で散々谷のことを書いていたので、遅きに失したという気分だった。山は具体的、谷も具体的、その中で釣りの話を出してしまったら結局場所を公開しているようなものになってしまうからで、これでなかなか気を遣う。

五月は二度ばかり、岩魚を追って谷に入った。場所は秘密。とはいっても何と言うこともない谷で、余り釣り人を見ることもない地味な渓流だ。核心部の瀞は小規模とはいえ、なかなかいい雰囲気だ。朝七時半。未だ誰も入ってはいないだろう。朝日が樹林の間から差し込み、渓流の音が両岸に響き合っている。朝一番の振り込みに気分は上々。小さな落ち込みの脇にそっと落とすと、程なくいいあたり。ぐぐっと引かれて二〇センチオーバーが寄ってきた。幸先良しとばかりに第二投。

と、その時。右岸を高巻く人影あり、程なく上流二〇メートルばかり先に降り立った。唖然として竿もつ手がぐんと重みを増した。アポロキャップに胴長のその男、こちらに気がつかないような素振りでこの狭い谷でフライロッドを降り出した。ベストの背中にタモまで下げて、魚籠は郡上もののプロ仕様。ぐっとこらえて「なんとしょう〜」と思うものの、地味な谷でのバッチリ決め男との遭遇にやや意気消沈。ここで仁義無き戦いをする気にもなれず、すごすごと踵をかえすことにした。

谷から上がるとき、背中のデイパックに入れた魚籠代わりのスーパーのビニール袋がカサカサ鳴った。首に巻いたタオルがどうももう一つか。足周りは渓流たびで、これはいいとして。しかし、たも網は無しで身なりは起き抜けのTシャツ姿にトレーナーパンツといった風情。結局くだんの男、こちらを釣り人と見なかったのかもしれないと、改めて納得……。

夢うつつ

すっかり山頂が遠のいている。いや頂上どころか、峠までさえもたどり着けないでいる。また、谷遊びにうつつを抜かす季節がやってきた。

長い林道もすっかり茂った樹林の影が濃く、ただでさえ篭もりがちな空気がますます鬱陶しい。今日は久しぶりに青空が覗いたとはいうものの、湿度が高く足を停めるとすかさずユラユラと頭を揺すりながら近づいてくるものがある。一体どこから現れるのか、実に性能の良い炭酸ガスセンサーを備えているものだと感心する。今日の足元はトレーナーズボンの裾にプロケッズのスニーカー。危ない、危ない。

梅雨時は落石の気配も色濃い林道だが、かつての谷道はどんなものだったのだろう。奥山の鉱山のために作られた左岸の今の林道に対して、かつての街道は右岸の流れの脇に通じていたと聞く。杉谷善住坊の隠れ岩はまさに道のすぐ脇にあった。最近立った隠れ岩の標識では、林道から遙か下の谷底に下りていくことになるので、何でこんなところにという印象だが、流れのすぐ脇に道があったのだとすれば、改めてさもありなんという気にはなる。しかし、流れの脇を行く道がずっと続いていた当時の街道風景はなかなか良かったことだろう。

このところの雨ですっかり増水した谷は賑やかで、谷底から這い上がってくる音だけ聞いていると何となく華やいだような気分も漂うが、林道からのぞくタイジョウの山並みの霞み具合はすぐさま、梅雨時の樹林の息苦しさを呼び起こす。五月、六月と谷通いばかり。山日記に書くほど爽快な山の気分はなかなか沸き上がってこないが、この時期のフジキリ谷には一種独特な倦怠感がある。静寂の中に心地よい風の音を聞きながら、頭の隅に微かに入り込んでくる古びた不思議な音。

ただでさえ登山者の姿が少ないこの辺りだが、ヤマビルの季節ともなると極端に減っていくようだ。本流では桜地蔵の先の橋辺りまでは釣り人もやってくるようだが、堰堤の先まで入り込む人はそう多くない。右岸に渡り塩津の堰を渡るとそこからは登山者の世界である。が、支谷を源流まで突き上げていく時間の流れの中に、不思議な空気を感じる。

塩津の堰の丸木橋を渡るとき、水音に足取りも乱れがちだが、膝を軽く曲げてリズミカルに一気に渡ってしまうのがコツだ。重い荷物の時もそうで慎重を期す余り牛歩になると、却って眼下の渓流に目が回る。一気に行くことだ。ここを渡るとき、鳶の足取りをいつも思い出す。やがて蓮如上人の遺跡にさしかかり、真っ直ぐに延びる街道脇に大きく手を広げたシデの巨木が目にはいると、突然辺りの空気は物語めいたものに変わっていく。

きっちり組まれた石組みの路肩や、巨木に寄り添う鉱山主（佐野育造）の碑や、神社の跡、建物の跡などが醸し出す空気と、樹林の密度。そして脇を流れる渓流の全てが織りなす世界が、それで一つの物語になっている。塩津の名の通り、その昔伊勢から運ばれた塩をここで受けたと言われているが、千種街道の拠点に偲ぶ賑わいは今は夢のまた夢だ。

巨木の脇に座ってスニーカーを脱ぐと、蛭が二匹、しっかりと紐の間から身をくねらせながら這い出てきた。もう少しのところで靴下の中だった。渓流シューズに履き替え、サロンパスを首周りと腹廻りにベタ張りし一息入れてさあ流れへ。

杉峠に向かう登山道の良いところは、この緩やかに高度を上げていくのびやかさ、樹林の広がり、そして向山鉱山までの深く刻まれた渓谷の素晴らしさかもしれない。本流と分かれて、K谷の下降点に向かうときの密やかな気分もまた格別だ。本流から支谷へ入るとガラリと空気が変わる。

いつもなら小さな落ち込みが、増水して程良い滝になっていた。竿を出したいところだが、この谷での第一投は黒淵でと決めている。飛沫を上げる滝を越えていく爽快感はもう夏のものだが結構水温は低い。渓流シューズの下はネオプレーンのソックスだが、それでも浸かっているとかなりひんやり来る。

期待を込めて振り込む瞬間は何とも言えず気分が良い。落ち込み脇にとろりと流してゆっくり廻る目印一点に気分を入れ込み、微かな気配を待つ時間。ものの二、三分ほどで寄りつく気配。そして目印がふけるや突然ググッと当たる瞬間に周囲の物音が消えるのだ。掛かりを確かめながら寄せる間にも、岩の間に潜り込もうともがく岩魚、この辺りでサイズがもう分かっている。水面から鼻先が現れる瞬間に、一気に物音が甦ってくる。この爽快感。この繰り返しで谷を遡っていく。

ここでの岩魚との出合いは懐かしい時間との対面だともいえる。お気に入りのポイントに今回も入っているのか確かめに行く楽しみもある。倒木の淵、魚止めの滝、布引の滝、枯れ木の淵、丸石淵、そして黒淵と、自分だけの名を付けて愉しんでいるが幸いこの谷で人とあったことは無い。イブネ・クラシへの最短ルートは左岸の尾根を行く。だが谷芯を行く山旅もまた密やかないいルートになる。九〇〇メートルを超えて未だ遡る岩魚の生命力に驚嘆しながら、樹林に包まれつつ、なにやら別世界に落ち込んでいくような不思議な気分の谷の風情だ。近江側の何とも効率の悪いルートだけに、この独りよがりの楽しみが未だ当分続くような気がしている。

遺跡のような炭焼き窯跡が続く右岸の山肌を下りながら、ふとこの谷に煙りのたなびく光景を想像する。それは遙か遠くの幻のようでありながら、実は今なお微かに尾を引いている、山の暮らしの名残りなのかもしれない。それは窯跡の脇に広がる荒れた植林帯などに目をやったときに、俄に大きくなる。

主人公

その昔、地元ではユラバシとも呼ばれた奥の畑谷は、出合いに落差のある滝をかけているので一見ややせわしない印象が漂う。だがフジキリ谷塩津の堰を渡って戻るようにして出合いに沿う山道をたどり、喉のように狭まったポイントを過ぎると次第に広々とした風景に変わっていく。その名の通り、かつては地元甲津畑の人々の出作りの畑があったようで、ユラユラと揺れる吊り橋を渡って畑作に通う人が行き来したのだろう。

夏場はどっぷりと谷で水遊びに興じる日々が続く。だが奥の畑谷は爽快、豪快な水遊びが出来るというほどの谷でもなく水深も浅く滝場もないので、また別な楽しみ方がある。ひとくちで言えば、木洩れ日樹林の渓流逍遙といったところか。流れにイワナの影もそこそこあるが、そう大きな淵があるわけでもないのでダイナミックな釣りは期待できない。小さな落ち込みを一つ一つ探って行くうちに次第に高度が上がっていき、雨乞岳西面の山肌に包まれていく。そんな時間の流れの中でふと耳を澄ますと、風にそよぐ樹林の音と渓流の水音、そして微かにどこからか流れてくる蝉の声が夢のように遠い。そんな時間を過ごす谷だ。

時間の流れがすっかり止まっているのだ。葉の茂った樹林は薄暗く、渓流に反射する木洩れ日の煌めきがひどく動きのあるもののように思える。右岸に迫る樹林の山肌は雨乞岳に突き上げている第二西尾根の山腹になるが、落葉期とはうって変わって閉鎖的な印象が漂っているのは、やはり樹林の密度が濃いためだ。トロトロと密やかな音を立てている落ち込み、清々しい音の弾ける小滝、そしていかにも鬱陶しい小藪の部分を抜けたりしているうちに次第に方向感覚が鈍っていく。

幅広の谷を貫く本流は一本だが、庭園のように入り組みながら蛇行し、その間に鬱蒼とした樹林が挟まっているので、なおさら方向は狂いがちだ。小さな瀞で竿出しながら行くのだが、そう大物はなかなか出てはこないこの季節だ。梅雨が明けてから大分水温も上がっているのだろう。それでも岩の下の方に糸を送り込んでやると、なかなかいいあたりが出るときもある。イワナも源流に向かっててどんどん遡上していく。この時期になるとまさにイワナに遊んでもらっていると言った感じで、軽く合わせて少し愉しんで終わりにすることが多い。

奥の畑峠から雨乞岳などに向かうときは実に歩きやすいルートがあり、よくその道筋を検討してみると、ルート上に炭焼き窯の跡が点々と見られる。最奥の二股の上まで窯跡は見られるが、疲れが出ないような道筋を取るという人の感覚というものがよく分かる。出合いから最初は右岸を行き、やがて左岸に渡るとそのうちに広く谷が開けてくる。一〇分ほどでまた右岸に渡りこんどは小高い段丘に上がる感覚で樹林の中に包まれていく。の淡々とした樹林の中を二〇分ほどで抜けると支谷を渡って萱の原に飛び出ていく。振り返この辺りで大峠から清水頭に向かう尾根上のガレ場をすぐ上に見上げるようになる。この萱原るような緩やかな傾斜の幅広の谷が、いわゆる奥の畑ということになるのだろう。振り返るとタイジョウからカクレグラに続く尾根が谷の入り口の方に横たわっている。何とも明るくて、それでいて閉塞的な気分の漂うところである。さらに一〇分ほどで左岸に渡り、また五分ほどで右岸に戻る頃になると大分谷の幅も狭くなっており、最後に左岸に渡ったあとはずっと最後まで樹林の中をくぐもった感覚で行くことになる。最奥の二俣を過ぎればあとは峠までほんのひと足。十五分も急登をしのげば奥の畑峠から雨乞岳、清水頭の大展望が待っている。

だが、今日は谷なのである。急ぐこともない。雲行きが怪しくなり、雷が鳴り始めると同時に空腹を覚えて樹林の中で雷鳴を聞きながらの昼食となった。辺りの空気は次第に暗く水っぽくなっていった。時折聞こえていた蝉の声も止み、それに変わった雷鳴が静かな谷の空気を振るわせていた。だが一時間ほどで雨も上がると空の明るさが戻ってきた。

再び谷をゆっくり遡っていったが、腰を落ち着かせ過ぎたせいか体がすっかり重くなっていた。欠伸をしいしい小さな滝を階段上がりに登って行くが、そのうちどうにも我慢が出来なくなり木の下での昼寝となった。体を木に預けると力がすっと抜けて、頭の周りの空気が軽くなっていくようだった。どこかで鳥の声がしている。渓流の音が間断なく続く中で、弾けるようなその鳥の声が妙に浮き上がっていた。

樹林を渡る風が顔を撫でている。そんな感覚で目覚めたような気もするが、何か眼の奥に白い残像のようなものが残っているような気がした。短い間に夢でも見たのだろうか。それが何なのかハッキリ形は分からなかったが、何か花のようでもあった。すっかり体が重くなっていた。時計を見ると三時を過ぎている。また上まで行けなかったな・・と、つくづく呆れながら踵を返すことにした。

樹林の谷の下りは物語的だ。緩やかに続く下りは足を出していけば自然と距離が稼げる。ぼんやりと思いを巡らせながら彷徨うがごとく、様々な想念が沸き上がってくる。窯跡、樹林の密度、古木、巨木、コバなど、一つ一つの場所が静けさの中で、さまざまな話を語り始める。そんな風に足下を見つめながら、フワフワと下っていく。

どのくらい下ったのだろうか、もう出合いは近いというところで暗い樹林の中に白い花が浮かび上がった。それはバイケイソウの花だった。咲く年も、まるでない年もあるといわれているが、何年か前の御池岳のバイケイソウの白い群落の印象が残っている。ふと、先ほどの昼寝の中で見た白いものはこれだったのではないかと思った。薄暗い樹林の中に浮かび上がるバイケイソウは、静かなる谷に浮かび上がる物語の主人公だった。

忘我の谷

とにかく暑い。周りを水田に囲まれていて、放射熱はさほどではないと思うものの、それでも暑い。日増しに青さを増す稲田のかなたに、陽炎のように揺らめく鈴鹿の山並みはまさに夢まぼろし。やはりこんな日は水遊びしかないなと、またまた谷に向かうのだった。

そして、そろそろ高山にでもと思うものの、やはり昨今のアルプスの大賑わいを思うとどうも足が鈍る。秋風が立つ頃まで待っていたら、夏のアルプスの醍醐味は落ちるのだが、などとあれやこれや頭の隅にアルプスの風景を引っかけながら、相も変わらず鈴鹿の渓流に向かうのだった。

林道入り口には人も車の影もない。今日も雨乞岳、イブネ方面の入山者はないのかなと思いながら、強烈な木漏れ日の差し込む林道を辿り始めた。ムワーッとした空気が体にまとわりつくや、ふといやな予感が頭をかすめる。足下のスニーカーに目を落とすと、どこでへばりついたのか奴が小さな鎌首をユラユラさせながらの上昇気運だ。早々来たかと、すかさず爪弾きする。足を停めるたびに下を覗き込む姿はどう見ても粋とは言えない。足下軽いスニーカーも裏目にでてしまった。それでも桜地蔵を過ぎて谷を右岸に渡るとようやく水の匂いが近くなり、ワンワンと樹林に篭もる蝉の声の大合唱に導かれながら時空の扉、塩津の堰を渡るのだった。

信長の千種越えをどのように眺め下ろしていたのだろうか、などとつい思ってしまうような物語的な巨木イヌシデ。四方に張り出した枝は辺りに生えている木の幹の太さを遙かに凌駕する見事さで、落葉期の頃とは違って葉をつけた巨木はさらに大きく、なにやら呼吸する生き物の気配が漂っているようだ。街道を覆うその空気は実に物語的で、ふとあのアニメ・キャラクター〈となりのトトロ〉を連想したりもする。

木の根元に座り込んでいると、涼しい風が吹き抜けていく。谷に沿って流れる風が、イヌシデの木を取り囲むように渦巻き、傍らの流れの音を聞いているとふと眠りに引き込まれるようだ。風の音と水の音、そして蝉の声の合間に遠くの鹿笛が混じる。そして目の前の街道を巡る様々な物語に思いが飛ぶと、益々時間を忘れていく。

気を取り直してK谷の出合いに向かうが、水量はこのところの日照りですっかり少なくなっている。これではイワナ君も岩影から出てくるのは大変だなと思いつつ、小滝を絡んでいく。いつものことながら、この谷の雰囲気は実にいい。出合いの狭隘さとはうって変わり、緩やかな登りの続く庭園風の谷はいたるところに良い瀞を作っている。かつての炭焼きの基地だったため、いたるところに目に付く窯跡の石組みが不思議な空気を醸し出している。谷を覆う樹林の密度も濃く、谷芯にいると深い自然の中に埋没しているような気分だが、傍らの山肌を這い上がると一気に人の気配の色濃く漂う廃墟の空気に包まれていく。このギャップが不思議な気分をさらに助長させていくのだ。

佐目峠やタイジョウに向かうには良いルートだが、幸か不幸か滅多に入る人もいない。実に地味で、変わり映えしなくてそれでいていいルートだ。イワナの影もそこそこあるが、釣り人が入ることはあまりない。数も大きさも出ないということもあるのだろうが、何より爽快な釣りにならないというところがあるのかもしれない。九〇〇メートルを超えても遡るイワナに会うためには、結構な登りも続く。楽な釣りにはならない。魚止めの滝、と命名している二段、一〇メートルほどの滝がある。ちょうど谷が行き止まったような壁に掛かる滝だが、右岸の草付きを登る気分がまた良い。

いつもの黒渕で初めて竿を出してみるが、やはり喰いが悪い。暫く待ってみるが当たりは無い。じっと岩の下に回り込んだままで出てこないのだ。階段上がりに続く小さな瀞を巻き上がりながら、頭の上で弾ける蝉の大合唱に押しつぶされていくような気分。ようやく魚止めの滝辺りまで来ると、両岸に響き合う水音と吹き抜ける風の音に涼味が増していくようになった。

谷の脇にイワタバコの淡い紫色の群落が浮かび上がっていた。水滴に揺らぐ木洩れ日に涼しさを感じたのも束の間、大きな蜂が威嚇してきた。これはまずいと思いつつ、未練を残して竿じまいし滝を絡んで右岸を登ることに。湿った山肌は結構脆く、滝の落ち口を横目にグングン登り出すと、滝壷に籠もっていた水音が一気に遠くなっていった。爽快、爽快。冷気をお尻に感じながらすぐに滝上へ。

滑滝を走る水の色に樹林の色が溶け込んでいる。クリスタルグラスのような岩の刻みが面白い。流れ落ちる水が新たに造形の中で生まれ変わっていく。再び竿を取り出し、今度は丸石の淵で投げてみる。微かな割れ目から流れ落ちた水が淵を作っており、相性のいい場所だ。二度三度とポイントを探っていくと、ククッと当たる気配。来るかな、来るか。と思った瞬間、目印がフワッとふけるやすかさずクーッと糸が延びた。「くわえ込んだな、そら行けーっ」とばかり二、三秒ほど餌のお持ち帰りを見送るや次の瞬間の合わせにはいる。フーッと、それまで止めていた息を吐く瞬間、手許にググッと重い手応えが伝わってきた。いい形だが、サイズは出ていない。でも今日初めての対面。

「暑くて動きが大分鈍っているようだね〜。今日は顔だけ見に来たよ。たまには尺君にも会いたいので、よろしくお仲間に顔出すように頼んでよ」

分かったのかどうか、手の中でバタバタしていたが、観念したようにすぐに静かになってしまったので、針を外して見送ってやった。谷を遡るにつれ、水温は次第に低くなっていくような気がする。心なしかイワナ君の顔見せも煩雑になっていったが、一方で体を取り巻く空気の重さに次第に負けていった。気怠さに負けると一休み。岩の上で横になると頭の脇を流れる水音が良い子守歌になる。だんだんと遠のいていく蝉の声。この刹那に夏の気分が微かに、しかし静かに弾けていく。
「せめて峠辺りにでも。まあ無理だな――」そんな声がどこからともなく聞こえてくる――。

おぞましき谷

草いきれのムンムンする尾根を、藪を漕いで頂上に達するという一種修験のような山行は敬遠気味で、もっぱら渓谷で水と戯れることが多くなる夏。そして渓流とくればイワナで、ここで突然俄釣り師に変身する。が、そこは俄の悲しさで技術のない我流の勘釣り故、いつも大した釣果はない。ただ渓流は源流に限るとばかりに小さな滝をよじり、瀞を探りするうちにいつの間にか水が消える辺りまで登ってしまうので、しまいには沢登りの気分に戻ってしまい、結局目指す獲物の無いのをそのせいにするという、きわめて狭い気分の源流釣り師である。

ここ数年来の課題、F谷、K谷で尺ものに出会うという楽しみはずっと持ち越しで、いつも苦い思いで秋風の吹く頃に竿仕舞いをしてきた。六月に入って毎週のようにK谷に入り、尺ものの幻影を追っかけてきたが、梅雨前線の停滞の度合いが増すにつれ、谷は乱舞するばかりの蛭の蠢動、おぞましい光景が展開するばかり。それでもめげずに、パンテイストッキングにサロンパス、そして虫除けに塩のすり込みと、あらゆる手だてで防護体制を作り果敢に谷に入り源流を目指してきた。

それでも、実はまだ出会えない。よし、それでは今度は泊まりで夜討ち朝駆けで攻めてやろうとばかりに、F谷塩津はイヌシデの巨木の流れの脇にツエルトを張り翌早朝に目指す谷に入る。だがあいにくの高湿度の雨模様の谷で、日がなイワナを追うことになった。

岩ヶ谷林道に平行する対岸の新道はどんどん延びて、とうとうカクレグラ南に切れ込んでいる向平の谷出合い辺りまで到達してしまった。木の葉隠れに真新しい切り開きの筋が浮かび上がるが、これから先、どこまで続くのやら。

一時、杉峠を越えて愛知川源流沿いに杠葉尾から来る林道と繋がるなどと言う話もあったようだが、杠葉尾線の方は工事が取りやめになったとの話もでているらしい。さすればこちら側フジキリ谷沿いもまだ当分の間は渓流釣りの楽しみは大丈夫だろうなどと、公共工事と景気の安定などという真面目な話に水を差すような気分もわき上がってくる。

それにしても蒸し暑い。午後立ちで、今日は夕方までに塩津に着ければいいとはいうものの、すっかり気合いの入らない林道歩きで、もっぱら渓流沿いの緑の洪水に目を細めつつ、このところの山頂へのご無沙汰を山の神に報告する。

桜地蔵を過ぎ、タイジョウ東南の尾根の刻む谷の出合い辺りにさしかかり、冷たい谷水を口に含むと、ようやく頭の中がすっきりした。釣瓶谷出合いを分けて塩津の堰が近づくにつれ、次第に深くなる谷底からはい上がる水音と、谷を覆う緑の氾濫の間で、しゃっきりと足下も定まっていくような気分だ。そして堰を渡り、蓮如上人の遺跡を過ぎると、大

きく手を広げたイヌシデの巨木が
「やあ、また来たのか――」というように暗い木陰に手招いてくれた。

「また来てしまった。今度は泊まりよ。何とか尺に出会いたいものだけど、こればっかりはね。願っても御利益は期待できそうもないか。まあ、ひとつよろしくたのむよ」

そんな気分でシデの木を見上げると、大分傾いてきた木漏れ日の作る大きな影が辺りの空気を引き締めていた。木の脇から流れに降りていくと、ひんやりとした谷風がぶつかってくる。この辺りは小さな瀞が繋がっているようなところだが、すっかり増水して瀞からあふれる水が大層賑やかに荒れ狂っている。静かなる渓流、などと響きの良い言葉が懐かしくなるような煩さだ。梅雨時を実感する。そして次に岩の横に腰を下ろしたとたん、梅雨時の谷の現実が降って湧いてきた。

小さな棒のようなものがゆらゆら揺れながら、蠢動しながら近づいてくる。腐葉の陰にかすかに動くものがある。その小さな棒のようなものは頭を延ばし始めたかと思うと、どんどん近づいてくる。

ヒエー、と叫びたいところだが、悲しいかな。こちらもすっかり慣れてしまっているのでそうした驚愕の感情もわき上がってこない。「なに、もう出てきたの。参ったね。もう少しゆっくりしていたかったのに。君たちも大変だね。だけど、せわしないったらありゃしない。よーし、塩かけてやろうか」

ザックから塩を取り出しぱらぱら降ってやると、どんどん溶けていく。ふん、どんなもんだい。と、先手を打っていれば余裕だが、知らず知らずに寄ってくるから始末が悪い。特に後ろからの敵に対しては、もう一つこちらのアクションが遅れる。

むず痒いな、と思ったら要注意。しっかり張り付いている。引っ張るとぐーんと延びるが、プッチリと取れるとそこがやや紅くなっている。あまり時間がたっていないので血の吸われ方はそれほどでもない。とにかく早期発見、の対症療法で切り抜けるしかない。

足の防護は少々暑く不気味でもあるが、婦人用のナイロンストッキングの上に渓流ソックスを履き、ズボンの裾と渓流シューズは隙間のないようしっかりバンデージを巻けば、まず完全。問題は襟首で、これはタオルを首に巻いて防ぐしかない。手の方は折に触れ目を走らせる。とまあ、こんなもので谷を行くのだ。

一時、蛭避けスプレイが流行ったが、何しろ高価だ。一噴き二噴きでは済まないので、半日そこいらで一瓶はなくなる。確か一〇〇〇円程はしたから、たいそうな出費になる。サロンパスも効くのだが、これは汗をかくとヒリヒリ刺激がきつくて痛くて仕方がない。また、汗で流れなければ塩も有効。とまあいろいろあるが、要は早く見つけてむしり取るのが一番で、安くていい。

ツェルトを張っている間にも、来るわ来るわ。一メートル四方から、一度に十二、三匹ほどが寄ってくると言った様相。もうめんどくさいから塩を摘み盛上げて防護壁を作ってしまう。釣り上げイワナの保存用にと持参した貴重な塩だが、蛭避け工事の建材になろうとは。眠っている間の攻撃が思いやられる。

すでに四時近い。暗くなるまでのわずかな時間が勝負とばかりに目指す谷の出合いに向かった。小滝もかなりの飛沫をあげて、いったいどこの谷かと思うほどで渇水期の面影は全くない。出合いの瀞で振り込んだ瞬間にググッとあたりがすぐに来て、久しぶりの引きを楽しむ。寄せるとなかなかいい形のイワナだがサイズは二〇センチには足りない。

谷に入ると俄然水量は増し、入ってすぐ右に曲折する黒い岩の瀞にいい音がこもっている。二メートルほどの斜滝が二条落ち込み、樹林が暗く覆い、いかにも何かが潜んでいるような雰囲気が漂っている。ちょうど大岩が門のように瀞の前に立ちはだかり、身を隠すにはちょうど良い死角だ。以前ここで一八センチが上がったことがあり、印象の良い瀞だ。

そっと振り込んでしばらく様子を見る。まもなくコツン、コツンと来るがもう一つ食い込まない。一〇分ほどボケーッと水音を聞きながら、細い谷間の樹林越しに覗く空や、佐目峠やそこから広がるのびやかな愛知川源流の風景に思いを馳せていた。ようやく思い出したように小振りの当たりがあり、軽く合わせると十五センチほどが上がってきた。早々良い思いはさせてもらえそうもない。

右岸の炭焼基地の辺りまでが、まるで庭園のような小振りの瀞と小滝が階段上がりに続く。小振りの滑滝にそれなりの気分があり、水飛沫を受けて登っていくだけで、頭の中まですっきりと澄んでいくようだ。瀞は深いもので二メートルほどのものもあるが、倒木が覆い被さるようなこの瀞は大穴場。とは言ってもまだ尺には出会っていない。いい形が必ず上がるとっておきの場所だが、そうは感じられない表向きの印象だ。

魚止めの滝と勝手に呼んでいる穴蔵のようなどん詰まりの滝は実にいい雰囲気の瀞が広がっている。傾斜が急なのと、二段に分かれて落ちる水量が多いので、ここから上がる魚はいないだろうとの思いで勝手に名付けた滝だ。

滝の直下の大岩の陰に大きく振り込んでやると、いつものように入れ食いのタイミングでぐっと引かれる。この瞬間に背筋が泡立つような快感が沸き上がってくるのは、見上げる樹林の膨らみ具合がダイナミックなのと、細い谷間にこもる水音の密やかさなど体全体で反応するからかもしれない。

ようやく二四センチが上がった。気を良くして右岸の岸壁を直登して滝上に上がると炭焼窯の跡が続くようになった。かつての甲津畑の炭焼基地で、さぞ昔は賑わったろうと思える規模だ。昨年はここで泊まったが、釣果はもう一つだった。

六時を大きく回ると、さすがに樹林の谷の視界は悪くなってくる。最上部の布を広げたような「布引の滝」までとも思ったが、谷に漂う空気の気怠さが体を取り巻き、谷の霊気にでもあたったように後頭部が熱い。暫くして腰の辺りがむず痒いと思いシャツをまくってみると、蛭に吸われた跡が赤くなっていた。やられた。足周りは万全で入り込む隙がないようだったが、死角に入られた。

　ビバーク地に戻ってくると、ようやく黄昏から夕闇に変わりつつあった。天気は下り気味でいやに蒸し暑い。夕闇の中、外で谷風にあたりながら晩飯といきたいところだが、渓流シューズを脱いでいるそばからどんどん蛭が寄ってくる。頭をユラユラさせながら、尺取って、躙り寄る姿はどうも落ち着かない気分で、やむを得ず早々にツエルト内に引きこもり、入り口に一直線に塩の防護壁を構築することにする。

　そろそろ降り出すかと思っていた矢先、樹林を大粒の雨が叩き始めた。とうとう来たか。気怠い気分で雨音を聞いているうちに、早くも眠気を誘われるが、まだ宵の口だ。渓流の音と雨音の区別が付かなくなると、明日の空模様への期待もどこかに失せていくような気分で、そのうちに意識がなくなっていった。

＊

　五時過ぎ目覚めると雨。本降りだ。谷の水音は昨日にも増して声高に吠えているようで、シュラフから出るのも気が重い。それにしてもこの水音の中で、夜中に目覚めもせずよく眠り続けていられたものだと、我ながら感心する。あと一時間ばかり、などと思いつつラジオをつけると今日一杯は天気は悪いようだ。

　増水した流れで顔を洗おうと、冷たい水を手にすくい顔を叩くとシャキッと気分も締まる。冷たい水だと、じっと手を見るとなんだか手が赤い。怪我でもしたかとよく見るが、その様子もない。おかしいなと思い、はっとして顎に手をやると、血がベットリついてきた。あわてて、髭面をまさぐると、髭の間に血の固まりのようなものがこびりついている。爪でしごくと、なにやら細長いものが指先に着いてきた。思わずガーンと来た。やられた。蛭の奴髭の間に潜り込んで血を吸い尽くして息絶えていたのだ。ご丁寧に右と左の二カ所。二匹の死骸相当の固まりを確認し、うーん、と唸ってしまう。顔をやられたのは初めてのことだ。ここまで好かれるとは。

意気消沈し、雨音がわびしさも増幅して、啜る朝のコーヒーも水っぽさを通り越して蛭っぽくも思える。これは早々に勝負をかけ昼頃で切り上げた方が賢明か、と思いつつ支度に入ったのだった。

谷の水量は一気に増えていた。瀞が消えて流れに変わっているところもある。一気の増水時は比較的小さな落ち込みのすぐ脇の喰いが良いのだ。流れが激しく餌も見えない中、餌の見えやすい小さな落ち込みでイワナは待っている。

わき目もふらず、倒木の深瀞にまっすぐに向かった。飛沫を上げる滝の脇を大岩を絡んで登ると、暗い水面に流れ込む太い一条の斜滝の水音が大きく響き渡っていた。何となく気配を感じる。

それはもちろん思いこみなのだが、その勘のような胸騒ぎはかなり信頼度が高い。この深みでみち糸を調節して、期待を込めてそっと振り込むこと数分。コツンと来てすぐに離れる気配。もう一度緩やかに落ち込み脇に流していくと、追ってくるような気配がある。と思うまもなく、クグッと引かれた。奴がくわえたところで、岩陰に引き込むまで待たなくてはならない。この間三、四秒ほど。目印がふけると、さあ合わせだ。手首を上げると、更に強い引きがあり針がかりを確かめながら引くと、良い形の魚体が寄ってきた。

水際で軽く引くと苦しそうにはね、そこで初めて重さを確認する。一気に引き抜かなかったのは、雨の中で慎重を期したこともあったが、朝っぱらからの蛭による傷の手当に原因があったのかもしれない。顔をやられるとは。イワナの殺生の祟りではあるまいに。手に溢れる魚体だったが、メジャーは尺に三センチほど足りず。ふーむ。昨日のイワナの締め方は半端ではなかったが、すぐ腹を割ったら腑を抜かれてもまだ動いていた。そんな、こんなで罰が当たったかと思うと、もう一つ締める気分が薄れていく。

雨のせいもあって釣り上がっていく気持ちがくじけてくる。ガツンと、傍らの岩に頭を打ち付けると、ピクリとしたあとすぐに大人しくなった。またやってしまった。雨音を聞きながら、せめて青空でも覗けばなあ、と思いつつ、ザックからコーヒーの入ったテルモスを取り出した。

ふたたび渓流の夏

手を洗おうと思い、水際にしゃがみ込むと涼しい風が顔に当たった。木洩れ日が水に反射して、まるで夏の盛りのようだと思いながら手を流れに延ばそうとすると、薬指の付け根辺りが随分汚れている。滝の草付を登ったときに土でも付いたかと思いよく見ると、何だか変だ。

ある予感が首の付け根辺りをヒャッと掠めた。やはり血だった。血の塊が指の回りにこびり付き、既に乾いて赤っぽい泥のようになっていた。「ウーン、やられたか」と思いながら水で濯ぎ、次に足はどうかと思いながらトレーナーズボンの裾をめくって臑を確認すると、こちらのほうは被害無し。次に腹回り、そして首と確認するが幸い被害は手だけだった。

選りに選って良く目に付く場所、血を吸われていたにもかかわらず気がつかなかったとはよほど夢中で岩魚を追っていたんだなと、一瞬たじろいだが、すぐにおかしみがフツフツと沸き上がってきた。久しぶりの渓流でよほど我を忘れていたようで、ほんの二時間ほど前のK谷源頭近くの滝場の情景が甦ってきた。

すっかり体調を崩してしまい、山頂への道は遠くなるばかりの春先からこっち。どうにも気持ちの収まりが悪くて、それで仕方なく山麓の寺や、古墳など巡る日々が続いていた。折しも奈良では東大寺の催しがあったり飛鳥では古墳の新しい状況が検出されたりと、気を紛らわす機会はあったもののやはりしっくりこなかった。爽快な春山を味わい尽くしたい、そう思いながら瀟々とした気分で日々を過ごしていた。そして先週は近所の里山に出かけ、漸くやや戻りかけてきた感触を得ていたときに一本の電話が鳴った。

名古屋のKさんからだった。次の日曜に仲間と湖東の押立山に登るので、登りやすいルートを教えて欲しいとのことだった。鈴鹿の大先輩だ。教えるなんてとんでもないことだったが、知っている限りのルートの中で藪の少ない平柳ルートについて説明しながら、ふとKさんの近況を想った。確か入院を何回かされるほどの病気をされ、目も大分悪くされ「鈴鹿ノスタルジア」のホームページも休止中だったはずだ。そのことをお聞きすると、大分体力が落ちてきて山登りはきつくなってきたと言いながらも、登れるうちは元気で登りたいとのことだった。

この初夏の時期の低山・藪山に登る、それも名古屋から地味な滋賀の里山にわざわざ足を延ばす、という情熱はとても年齢や体力で推し量れるようなものではない。ふと、「業」という言葉が頭に浮かんだ。山や自然に限らず、取り憑かれると言うことはそれ自体生きる糧のようなものなのかもしれない。よく人は何を好き好んで、と言う表現をよく使うことがあるが、その意味をよく考えて使うことはない。よい意味で使う場合とそうでない場合との境目が非常に曖昧だからで、何を好き好んで、の何とは一体何か。それ自体が他人には絶対解らないものでありながら、その実、人それぞれの動機付けの真理はその深い部分で何となくお互いに理解し合っているからである。本性の相づちとでも言うのか。

好きと言うことは説明は付かないものであり、それに費やす時間も情熱もそれ自体に意味を見いだそうとはしないものだ。Kさんがそういうわけではないが、人は時としてある理解を超えたところで、なおもそれをしてしまうという時がある。後で考えて、あのとき止めておけばよかったと思うものの、その時は熱く燃えているものなのだ。

電話で問われるままにルートの話をしているうちに、次第にその元気が伝わってきて、こちらも胸の奥底からツンと沸き上がってくるものを感じていた。そして電話が切れると、ウーン、やるもんだなと思わずその言葉が口に出た。そうかー、よしこちらは谷だ。岩魚だ。渓流だ。六月も半ばじゃないか。梅雨がなんだと、我を奮い立たせながら竿を磨き始めたのだった。

翌早朝、定番の渓流スタイル、つまりトレーナーズボンにスーパースターのトレーナーで流れの畔に立った。首にはバッチリタオルを巻き、足下はネオプレーンのソックスに渓流シューズ。しかしアクシーズクイーンの紫はすっかり色あせ、往年の洒落た色合いは見る影もない。そろそろ買い換え時だな。背中にはカリマーのザック。一九五〇年製の復刻版、いわばビンテージものスタイル。

今日のテーマは、九寸超。ポイントは最奥の二股の滝場下。もちろん下から小さなポイントを一つ一つ探ってはいくが、狙いのポイントの主なところは五ヶ所。それで良いのだ。と、まあ格好をつけ、理由をつけて勇んで水に入っていったのだった。何しろ久しぶりだから。

梅雨時だというのに、さほど水量は多くなかった。そういえばあまり里でも降らないな。空梅雨でもないだろうに、と平静を装いながらポイントに目を走らせながら遡行していく。落ち込みの落差、渦巻きの様子、岩影など、適当なイメージを作りながら岩魚の影を追っていく。トロトロと密やかな音を立てている落ち込みをのぞき込むとき、頭の上に覆い被さるような樹林が風を受けてシャラシャラと音を立てていく。そしてコツンコツンと当たる小魚が、いよいよ季節の移り変わりを思わせる。

目の前に大岩があった。その向こうには樹林が横倒しになって暗い影を淵に投げている。倒木の淵だ。岩の陰で身を低くし、ソロソロと近づき提灯気味に竿を振り込む。一瞬揺らいでスッと沈んでいく道糸を見送り、すかさず水面の上三〇センチの目印の辺りで竿を止める。もう少し沈めてもよかったが、何となくその辺りで止めた。小さな滑から落ち込んでくる水音を聞きながら、息を殺してそっと気配を窺う。緊張の一瞬だ。入れ喰いで来るときは来る。とその時、突然グンと引かれ、竿が大きく撓った。

グングン引かれる。くわえ込んで岩の間に潜り込もうとしているなと、送り込んでやるうちにピタリと動かなくなった。合わせながら軽く引いてやると、なおも岩の奥へと逃げこもうとする。引き合いとなる。暫く遊ばせながら、ようやく岩の間から外れたのを潮に、泳がせながら引くと元気な魚体が寄ってきた。幸先のよい八寸超の岩魚だった。なかなか太い魚体で力が漲っている。

久しぶりの岩魚との駆け引きと、梅雨空を忘れる樹林の木洩れ日に頭の中が澄んでいくようだった。階段上がりにポイントに探っていくうちに、次第に体の中を風が吹き抜けていくような感覚が沸き上がり、次第に水の色や岩陰の作る陰影がはっきりと見えるようになっていった。たった今目覚めたような感覚は、起き抜けでやや貧血気味のような頼りなさではあったが、次々と岩影から跳ね上がってくる岩魚の水しぶきを浴びながら、なんだかどんどん元気になっていくような気がした。その後、炭窯の基地を過ぎ、やがて最奥の滝の前まで三時間もかけて水と戯れていたが、その頃になると足には大分来ていたが、そのまま谷を遡行して尾根まで上がっていっても良いような気になっていた。

そこから先は岩魚は上がれない。魚止めだ。落差はさほど無いものの、まるで穴蔵のような滝壺で周りの黒い岩肌が不気味な印象を醸し出している。今にも落ちてきそうな大岩が危うい気分を盛り上げるが、水量の少ないときはただの岩壁そのもの。実におとなしい顔だ。ここを遡れる魚はまずいるわけはないと思っているものの、もしやと思いそれでいつもこの壷をのぞくのだ。

その滝を仰ぐ下流、ちょうどTのピークに直接切れ込んでいる谷との分岐の手前に大きな丸い岩があり、とろりと暗い淵が広がっていた。以前、この淵の脇で蛆のたかったカモシカの死骸を大岩と錯覚して肝をつぶした場所だ。そのとき、岩がうごめくように見えるのが不思議だったが、やがてイワナを釣り上げた後、「何を食べてこんなに大きくなったのか」と、愕然としたことが鮮やかに蘇ってきた。

「居るな――」そう口に出してみた。聞こえていれば逃げろよ、とそんな気分で身を低くしてそっと竿を振り込んだ。目印が必要ないほどの浅い淵だが、そこに食い込んだ大岩の根元が抉れているので、まるで岩屋が水の中に埋まっているように見える。そら、出てこいと気を送り込むようなつもりで竿先を見つめると、辺りの物音がスッと消えた。と、次の瞬間、ググッと引かれ岩の影に糸が延びていった。岩を回り込むように竿を立てて寄せようと腰を上げた瞬間、フワリと竿先が軽くなった。

「焦ったな、やはり聞こえていたかな」と思いながら、上流の岩の割れ目辺りに目をやると遊ばれたというより何か挑発されたような気になり、顔を上げるとあの滝が目に入った。もう岩魚の泳げるような淵はなく、岩の割れ目、隙間が作る空間に溜まった水脈があるだけで既に標高は九〇〇メートルを超えている。今日はこれで終わりか。

細々とした流れは既に源流の気配が漂っている。さあここまでだな、戻るとするかと思いながら滝を見上げると例の大岩が今にも落ちそうで、まるでこちらの気持ちを見透かすように不安定な空気を放ちながら細々と水を落としていた。梅雨だというのに滝壺という程の水もなく哀れなものだった。その時、壁際に直径一メートルほどの岩が落ちているのが目に入った。細々とした水がその向こう側にも落ちて、脇を巻くように水が流れ下っていた。

さあ、竿じまいするかと思いながら、ふとその目に入った大岩の向こう側に何気なく糸を跳ばした。フワリと黄色の天上糸が薄暗い滝壺に浮かび上がり、岩の影に落ちていった。水音もせず、岩にカサリと当たるような音もしない。と、その時。糸がククッと延びていった。なんだ枯れ枝にお祭りか、と思い軽く引くと糸がグングン引かれる。まさか、と思いながら岩を回り込むと、水深四〇センチほどの溜まりでバシャバシャと跳ねているものがあった。半信半疑で糸を手繰ると、ヌメルような黒光りした魚体が姿を見せた。

薄暗い滝壺の中で何をしていたのか、まさかこの壁を登るつもりだったのではないだろうと思いながら針を外しエラに指を差し込むと、観念したように大人しくなった。先ほどの奴かなと思いながら魚体を渓流シューズに合わせると、二五・五センチの靴より二センチばかりはみ出ていた。そうかこんな所を登ろうとしたのかと思いながら、つくづく岩魚の業のようなもの、凄まじい力を感じていた。

＊

薬指と小指の指股にぽつんと開いた穴から、どんどん血が滲み出てくる。蛭は血液を固まらせる成分を分解する物質を出すらしいので、応急処置は血止めしかない。それにしても大きかったなと、岩魚がヌルリと消えていった淵の情景を思い出すと、傷の手当の手が止まるようだった。あれはあれでよかった、元気をくれた奴だし。いつか壁を登れよと思いながら、そのくせ下流で釣り上げたおかず用の三匹の岩魚の腹は割くのだった。微かに苔の匂いの混じった樹林の空気を大きく吸い込みながら、いよいよ来た夏を感じていた。

山の本

山の声

画文集というサブタイトルが付いているのはこの「山の声」だけであるが、辻まことの本には、それぞれ必ず味わい深い絵が付されている。「山からの絵本」「山で一泊」を加えたこれら三冊の本は、しいて言えば、辻まことの漂流の軌跡が、山の風景を借りて滲み出ているような気がする。一見楽しげな人々との邂逅や動物との出合い、また四季折々の自然の中に分け入るとき、彼を取り巻くすべてが語りかけてくる。時に人々の怨念の籠もった峠や、奥山に取り残された暮らしの廃墟に出会う。山を歩いていながら、不思議とその風景の向こうにある彼の精神世界、情念のようなものが覗く気がするのは、彼の生い立ちと、自然との関わりに思いが行くからだろうか。彼の周囲の風景は様々な声に満たされ、そして不思議な空気が流れていく。

「山の声」に収められた文の中に「引馬峠」、「白い道」という二つの紀行がある。南会津と奥鬼怒との境の峠越えと日光湯本から奥鬼怒の手白沢へ抜けたときの紀行だが、ともに共通しているのは、ふと何かに惹かれるようにある一線を越えていくその行動と、その時の彼を取り巻く空気の濃密さである。時に遭難ぎりぎりのところで辛くも生還するのだが、それもアルピニズムを標榜するような派手な山岳ではない。一見里山にしか見えない、日本のどこにでも有るような風景の中で、彼は思いを込めたある特定の〈世界〉に踏み込んでいくのである。何かに惹かれるように、そして時に何かから逃れるように。

引馬峠は帝釈山系の田代山の西の峠だが、栃木県の北西の外れ、栗山から檜枝岐に越える峠は既に廃道になっている。峠を挟んで北東及び南西に延びる尾根は帝釈山系の縦走路で、今ではかなりおくまで林道が延びてアプローチしやすくなっているが、ほんの三〇年ほど前までは、東京から丸一日掛かって麓の温泉場まで入るようだった。辻まことの登った頃は、朝の九時二五分に浅草を電車で発ち、鬼怒川温泉でバスに乗り継ぎ、その日の泊まり場の木賊温泉の一軒宿には十八時三〇分に着いている。

翌日、田代山をから帝釈山を越えて引馬峠に向かうのだが、十五時三〇分頃に帝釈山を下り前方を見渡せる場所に来て、彼は思いもかけない光景に出くわす。――

「――倒木などと言う生易しいものではない。尾根筋いっぱいにマッチをバラまいたように、根こそぎ森が倒れているのだ。そのマッチ一本は直径が二メートルもあり、長さが二〇メートルほどもあるのだ。もう道などは跡形もない。――」

かれはその時自分が小さな一匹の芋虫にしか過ぎないと感じて改めて腹をくくる。そしておもむろに、煙草を一本吸ってベルトを締め直すのだ。一本一本倒木を越えて行く気の遠くなる時間の流れ。その日のうちに台倉高山にも着けずビバークするのだが、悪天になりかなり厳しい夜を過ごす。翌日何とか昼過ぎに峠につき、北に下っている谷の先、檜枝岐に向かい、ようやく夕方に宿に転がり込む。

人心地着いたあと宿の主人が、最近峠から下ってきた人間がいないので話を聞きたいという。結局彼は一本の酒が回って寝てしまうのだが、翌朝の風景の描写が印象的だ。

「起こされたのは六時。窓を開けると、谷の中に三筋の雲の棚ができていて、その上や下や間に、大きながっしりした家々が朝の日を受けて輝いている。（中略）雲の棚はまるで作ったもののように動かない。澄んだ空気の中から、小鳥の声が聞こえる。シャングリラの美しい朝だった」と記し、しみじみと生還の喜びを語っている。

もう一つの文章「白い道」はスキーで湯元から手白沢温泉に向かい、かねて目論んでいた谷筋にルートを求めて滑り込んでいく話だが、途中でルートを見失い谷を彷徨しつつやがて廃坑となった鉱山で一夜を明かす。そして辛くも翌日川俣温泉の村に生還するのだが、凍傷がひどくてそこで一週間療養するくだりが印象的だ。

「──もし橋が落ちていれば最後だ──と思った。自覚としては大したことはないが、自分の目で見えるほど体がふるえている。きっとすごく寒いのだろうと思った。スキーを肩にしてざぶざぶと流れに踏み込んだ。対岸の河原の雪に足を掛けたとたんに靴は雪の団子のようになった。――」彼は靴に着いた雪をナイフで削り落とそうとして誤ってナイフを川に落としてしまうのである。そしていよいよ王手だと自分に言い聞かせるくだりである。彼は飛車も角も捨てた心境で崖を這い上がっていく。

やがて宿に転がり込んで服のまま温泉に浸けられて、熊の脂を凍傷の部位に塗ってもらい一週間滞在するのだが、最後に語っている。「――温泉の中で裸になるのは変な気持である。朝日のさしてきた対岸の雪景色が鮮やかで、これはきっと忘れられないと思ったが、そう思ったことの方が忘れられない」

彼の文章の中には、山の中で様々に独白し、目の前のうつろな光景の中に遠く輝くようなものを見つめている状況が数多くある。その遠く輝くものを取り巻くように微かに音が聞こえるのだが、それが彼の山の声であり、読み進むうちにその声になぜか強く心打たれる。

この本に流れている山の空気には独特の寂寥感があり、そしてそれはいつも不思議な明るさの中にある。諦念ともちがう、潔さとも違う、有るがままに生きていく上で避けようのない不幸に対しては、どうあがいてみても仕方がない。その状況の中で時間を過ごして行くだけ、と言うような気分である。

*

中東のある国で四年近く暮らしたことがあるが、当時戦争の真っ最中で砂漠の真ん中に閉じこめられたような暮らしが続いた。軍の監視も厳しく出国するには客先、省庁の書類が必要で、その発行にはどう少なく見積もっても一週間は掛かるのだった。首都まで五〇〇キロ、砂漠の真ん中を貫く道が日本への出口だったが、その距離感は気の遠くなるようなものだった。時速一〇〇キロをはるかに超える車が行き交う街道を走りながら、途中の荒涼とした風景の中で、もし何かほんの一瞬の手違いが有ればそこですべてが終わってしまうのだなと思ったとき、ある種の不安とともに微かに、妙に潔い明るい気分が沸き上がってくるのを覚えたものだ。熱風の舐めていく砂漠の彼方に、遊牧の羊の群が陽炎のように漂う光景を眺めながら、私は瑞々しい日本の山や谷、そして川を想った。そして目を閉じて再び目の前の荒涼とした砂漠の広がりを目にしたとき、たとえ今、一瞬にして暗闇が訪れても許容できるような気になっていた。それが疲れから来るものなのか、何なのか未だにはっきり説明できない。だが、辻まことの文章に触れるたびに沸き上がる説明のつかない寂寥感に思い当たるとき、自分を取り巻く〈声〉に耳を澄ますときの時間の流れの中に、妙に気分のいい空気が流れることに思い当たる。そんなときに、砂漠の中で呆然と見つめたある一点、空なるものが蘇ってくる。

（画文集　山の声　辻まこと著　一九七一年二月二〇日東京新聞社発行）

さまよいの心

「北八ッでは、なんじまでにあの峠について、なんじまでにあの頂を出発しなければならないというような、時間にしばられた歩き方はしない。いいところがあれば、寝転んで煙草をすって、いろんな空想をあたためたり、ヒガラやメボソのきれいな声に耳をすませたり、気がすむまで腰をあげない」——の一文が北八ヶ岳という山域の気分を端的に表している。

この文の独特なリズムに何となく惹かれたのは、あるガイドブックの巻頭に載っていた〈山の招き、心の山へのうた〉という一文の中で出会ったときからである。当時、山歩きを初めて間もない頃で、奥秩父や奥多摩歩きからそろそろ信州の山にでも足を向けようかと思っていた矢先であった。東京から近くていい山は、と思いながら書店で手に取ったのがガイドブック「八ヶ岳」で、いきなり先の文章に出合ったのである。私は幸運だった。

その山の招きは、単にガイドブックの枠を越えて、この山域がどのように人の心に安らぎを与えたかという視点から、様々な人々の八ヶ岳が語られていた。尾崎喜八の「たてしなの歌」、深田久弥の「日本百名山」、串田孫一の「山のパンセ」そして山口耀久の「北八ッ彷徨」などの文の中の、エッセンスがぎゅっと、わずか一〇ページほどの巻頭章の中に詰め込んであったのだ。どの文章も印象深く、短いセンテンスの中に八ヶ岳ののびやかさ、日本離れしたロマンチシズムの世界が繰り広げられていた。

アルペン的な風貌の山々、岩稜の続く南八ヶ岳。森の中に湖が点在するメルヘンの山域の北八ヶ岳。それぞれが魅力的な風景を想像させた。中でも、妙にひらがなの多い、それでいてリズミカルな文章の中に、自由な時間が大きく膨らんでいくような印象を強く受けたのが、山口氏のもので、「北八ツ彷徨」という字の並びもなにやら神秘的だった。当時の騒然とした世相の中で、大学紛争に明け暮れる周囲の状況に息苦しさを感じていたそのころの鬱陶しい気分の中で、冒頭の「北八ッでは――」に始まる一文が微かな風を送り込み、この時何かが胸の奥底に住み着いたような気がする。しかし初めに足を向けたのは八ヶ岳の主峰赤岳。昭和四十四年九月のことだった。

東京新宿発最終長野行きで発ち、早朝小淵沢で乗り換え松原湖へ。そこから稲子湯までバスに揺られながら、初めて八ヶ岳高原の広大な裾野に包まれていった。ひなびた山裾の一軒宿を後に、緩やかな斜面を登っていくとぐんぐんと視野が広がっていた。今では鬱蒼とした森になっているが、当時はまだ樹木の丈が低かったので、見通しが良かったのだろう。やがてシラビソの森に入り、初めて目にする森の湖、ミドリ池に着く。やがて本沢温泉を過ぎ、夏沢峠の登りにかかり硫黄岳の荒々しい爆裂火口壁を目にして、初めて八ヶ岳を体験したのだった。更に峠から南へ、どんどん南八ヶ岳のアルペン的世界が広がっていった。あの日のことは三〇年を経た今でも鮮明に覚えている。初めて泊まった頂上小屋、翌朝震えながら拝んだ御来光。それから折に触れこの山域に足を向けるようになった。やがて北八ヶ岳にも足を延ばすようになったが、心身ともに若かったその頃は派手な顔を持つ南八に入る機会が多かったようだ。四季折々の風景の中に身を置いているうちに時が流れ、その間に日本を離れるなどして身の回りにも公私ともどもに大きな変化があった。そして数年を経て、心身共に疲れて再びこの山を目指したとき辿り始めていたのが北八ツで、その時手にしていたのが「北八ッ彷徨」だった。

その頃、時間はいくらでもあった。いつ帰っても、また帰らなくても良かったのだ。とにかくよく歩いた。モラトリアム、そんな時間を求めていたのかもしれないが、とにかく何も考えまいとして長い距離を歩いた。そのうち、山懐のあるロッジで働くことになり、そこでも暇を見つけてはとにかく歩いた。唐松林を抜け、草原を渉って緩やかな丘を越え、まるで修験の行者のように歩いた。時に地平線という響きにも酔い、果てが無ければいいのにと、彷徨うように歩いた。いつしか夏が過ぎ秋を迎え、そして冬に入る頃にその地を去ったのだが、そのころになると時間を超えるという感覚が体で分かるような気になり、やがて「北八ッ彷徨」は私の体の一部になった。

この本の中に収められている十一の文の一つが「北八ッ彷徨」で、全体二五四ページのうち二二ページのみである。しかし他の文章も全て北八ツ彷徨であることは間違いない。ただ他の文章がガイドや山日記的な色彩がやや濃い中で、この一文だけは北八に対する著者のモノローグの世界が絵本を眺めるように広がっており、そこには不思議な透明感とでもいうような明るさが漂っている。そして他に八ページ足らずの「落葉松峠」の一文が、「北八ッ彷徨」を補完するように一つの根のつながりの中で綴られていて、それらが著者の心象風景の中で鮮やかに浮かび上がっている。

「ゆくりなくも足を向けたその峠の上は、風と、雪と、乱れ飛ぶ落葉松の落ち葉の、すさまじい狂乱の舞台だった。風に吹きはらわれたる金色の落葉松の葉が、舞い狂う雪と一緒に、いちめんに空を飛び散っていた。ほろびるものはほろびなければならぬ。いっさいの執着を絶て。もはやそこには悔いも迷いもためらいもなかった。全てがただ急いでいた。一つの絢爛を完成してほろびの身支度を終えた自然が、一つの季節の移り変わりをまっすぐに急いでいた。秋は終わった。なんといういさぎよい凄まじい訣れ」

この一文の中に、何かが突き抜けていくような爽快感を感じた。明るさの中に身を委ねつつ、暗い森を抜けそして眩い草原に遊ぶとき、いつの間にか時は遡り、自身の中に不思議な躍動感が生まれていくような気分にもなった。そのとき時空を越えて浮かび上がる季節の風景は、今もあのころも変わらない。

（北八ッ彷徨　山口耀久 著　昭和三五年一二月一五日　創文社発行）

失われた風景

失われた風景、等というとまるで映画のタイトルのようだが、この本の舞台となったのが蓼科高原の白樺湖周辺だとなるとおや、というような気分になる。無くなった風景、亡くなったと表現したくなるほど、現在の蓼科を思うと想像もつかないほど、それはのどかな牧歌的な風景がほんの五〇年ほど前までは、あったのである。信州、蓼科山と車山との間に挟まれた大門峠、池ノ平という地名だった。今、地図を見ても池ノ平という草原は見あたらない。蓼科山と車山の間の峠、大門峠は白樺湖という湖のすぐ上にその地名が見られるのみである。だが、この湖の底にかつての池ノ平の草原が眠っている。

著者の今井雄二氏は太平洋戦争の末期に、家族を連れ蓼科山南麓の柏原に疎開するのだが、その時炭焼きになる。蓼科で四〇年以上も炭を焼いていたという炭焼き名人（常番の隠居）に弟子入りをするのだが、そのころの大門峠、池ノ平はのんびりとした一面の湿原だったと述懐している。蓼科山と八ヶ岳を望む広々とした唯の草原、今のように何一つ観光施設のない頃だったが、ただ当時池ノ平に一軒の山小屋があった。（万仁武小屋）別名「雷小屋」。池ノ平は、今井氏の描写によると――なだらかな草山に囲まれて、空は広い。

草原には落葉松と白樺が点在して、真ん中の小梨の花に白く彩られたあたりに、見えがくれして一つの流れがくねっている。——とある。

声の大きい人の良い親父がいる小屋。少々荒っぽい応対が客の親近感を呼んで、(万仁武小屋)はカミナリ小屋と呼ばれていたのだという。自然の中での素朴な人々との交流、貧しくも心豊かな暮らし。まるで絵に描いたような牧歌的な世界が、そこにはあったのである。

まだ戦争がそれほど激しくなかった頃今井氏はこの地を訪れ、それから通い詰めるうちに小屋の親父さんに勧められて土地と周辺の林を手に入れる。いつか別荘でも建てて良い時間を過ごそうなどと思っているうちに時は流れ、やがて戦争がはじまる。空襲を逃れてこの高原で疎開の一時期を過ごすことになる。戦争が終わって氏は東京に戻るのだが、戦後暫くしてこの土地の所有権が定めにより自然に村に戻り、その後周辺の伐採も進んだことで、今井氏の思いを込めた林とかつての風景は消えてしまう。

そして白樺湖は戦後二三年経って誕生し、それに伴って周囲の風景は一変した。観光地・白樺湖がもたらしたものは、今更ここで語る必要もないが、小屋のおかみさんが後に今井氏に語った一言に哀惜が込められている。

「わびしかったけど、昔のほうがよっぽどよかったですに」

風景は滅びてしまったと言いつつも、新しい形の風景がそれに変わったのかもしれないと付け加えながらも「風景は心の状態である」ならば、今井氏にとってはそれは確かに滅んでしまったのだと結んでいる。

この本の表題となった高原風物詩というタイトルの一文は無いが、滅びゆく風景━━白樺湖以前━━の中にこの本の主題、風物の持つ意味と寂寥の意味が語られている。他に山のドンキホーテ、炭焼きになった男、タルノ沢、高原の秋、霧ヶ峰そのころ、セナンクールとともに、北蓼科の高原を歩く、水の大将、蓼科用水始末記ほか、既に失われた蓼科高原の一世界が淡々と描かれている。

湖が出来て間もない頃、フランス初期のロマン派の作家セナンクールの世界にも似たそののどかな風景に惹かれて、この時間の経過とともに変わる草原の表情を追って歩き回ったことがあった。林を抜け、そして峠を越えただひたすら歩き、やがて一日の終わりに疲労感の中で呆然とこの広がりの中に立ったとき、ふっと何かが肩先に触れるような気がしたものだ。その感覚が、時が流れても、場所が変わっても、いつも山を歩いているときに蘇る。そうしたとき、滅びゆく風景は、私自身の中ではいつも輝いているのが嬉しい。

（高原風物誌　今井雄二著　昭和三九年五月一〇日　東京同信社発行）

執着

その一見不可思議な印象の漂う言葉を初めて見たのは、宝物のようにしている「尾崎喜八詩文集」全八巻それぞれの後記の署名の中においてである。正確にはそのような印象の文字というべきかもしれないが、「淡烟草舎」にて——という文字になぜか強く心を引かれた。はじめは何とか山房のような号というか、自分の書斎の呼称のようなものなのだろうと思っていたが、後に「淡烟」という語が、烟霞淡泊《えんかたんぱく》という言葉からくるものだと知った。

「北八ッ彷徨」で知られる山口耀久氏の長野県富士見の高原療養所時代の様子は、創文社発行の「北八ッ彷徨」の中にも「富士見高原の思いで」として収められている。それによると、そのころ同じ富士見高原に東京から移り住んできていたのが尾崎喜八氏とその家族で、昭和二一年から二七年にかけての富士見時代における尾崎喜八の文学上の仕事は、数多くの詩や散文集に結実している。山口耀久氏は昭和二五年三月に療養所に入所し、症状の落ち着いたその年の十二月に初めて尾崎喜八の住む分水荘を訪ねそこから交流が始まるのだが、フランス文学を核にその交流の輪は次第に地域に広がっていった。そのようなときに尾崎氏が山口氏の配偶者の実家を訪ねたおり、上諏訪の旧家のその家の欄間にかかっていたのが「烟霞淡泊」の扁額だった。深くその意味も知られずに、さほど注目されることもないまま長くその家にあったものらしいが、尾崎氏が同家を訪ねたおりに、初めて氏によってその意味が明らかにされる。そこで改めて文字の持つ味わいとともに深いその意味合いを山口氏は理解することになる。

「烟霞淡泊――」とゆっくりした口調で読まれ、続けて「いい言葉ですね」と静かにいわれた。（中略）「烟霞の癖、という言葉がある。このばあい、烟霞とは旅のことですね。それだから、これは旅は淡く泊まるという意味になる。いくつもの寝泊まりをかさねてゆく旅先では、そこで出会った人や、そこでぶつかる出来事に、心を惑わされたり執着したりしがちなものですが、そういう俗情にとらわれないで旅を続けていく、そういう淡々とした気持ちを言ったものですね。ほんとうの旅の心をつかんだ人、人生も旅だとすれば人生を達観した人の心境でしょう」

尾崎氏のこの言葉で山口氏は、一期一会の旅というものの深さに思いが膨らんでいく。その後尾崎氏はどのようないきさつでこの言葉を自分の書斎の号として付けたのかは分からないが、氏の戦中、そして戦後の苦難の中で貫いた自由人の思想が多くの人に影響を与えたことを思うとき、氏を取り巻くその自然と土に根ざした暮らしの中に流れる時間は、それもまた一つの旅であることが伝わってくる。一期一会の暮らしの中で、じわりと広がっていく交流の底に流れている空気はどこまでも自由であり、そして人間が享受すべき自然とは何かという命題は、大きくそして時に厳しいものがある。尾崎氏にとっての自然、それは人間を含めた大いなるもの、一つの命だというその根本が、氏の作品を通じて人々に伝わっていったのだろう。その舞台として八ヶ岳山麓の富士見高原は、あまりに素晴らしい条件を備えていた。

この「烟霞淡泊」を表題として、アルプの夕べ、形見、山のかえりなど、収められた四つの文章はいずれも「アルプ」誌に昭和四十年から四十四年までに掲載されたもので、山口耀久の端正な世界が実に心地よく、上質な文の薫りの中に垣間見えるほのかな軽妙なリズムが尾を引く。短編小説の味わいの中にほのかに漂う詩のようなリズミカルな響きは、あの「北八ッ彷徨」や「落葉松峠」の深い余韻を呼び起こす。

カバーも装丁も実に洒落ている。この本には扉が二枚ある。一枚目には縦書きの活字で「烟霞淡泊」山口耀久とページの左端に記されている。そして二枚目の扉には枠の中に右上に活字で「烟霞淡泊」の文字があり、そしてその枠の中心に縦書き二つ折りで篆刻による烟霞淡泊の文字が刻まれているのである。左下には小さな文字で串田孫一刻とあった。

（烟霞淡泊　山口耀久著　一九七六年一二月一〇日　創文社発行）

遠い道

湖水のほとりの樹林で、酒瓶を脇にごろりと横になっている髭面の山男。そばに一羽の鳥が佇んでいる。だが、眠っているのではない。キッと大きな目を見開いて、どこか遠くを眺めている。太い簡潔な線で描かれる人物は顔も手足も極端にデフォルメされたフォルムで、色彩の構成はすっきりとして、しんと静まり返っていくような落ち着いた柔らかな色使いだ。

畦地梅太郎の版画を初めてみたとき、なんと寂しい風景、絵柄なのだろうと思った。その反面、妙に暖かい色の組み合わせに心和むような気分が伝わってくる。同じような構図の絵が多く、デフォルメされた胴長で髭面の山男が、グラスを手に、またある時はザイルを肩にしピッケルを手にしている。鉄砲を抱いた猟師の絵柄もあった。そして男のそばに必ず描かれる動物たち。鳥、山羊、オコジョなど。そんな絵を繰り返し眺めているうちに不思議な世界に引き込まれていった。初め山男のモデルは畦地氏自身なのかと思ったが、山での時間を過ごすことの豊かさを、あのひげ面の男を通じて象徴的に描いていることを知った。その山男、畦地梅太郎という画家の名が頭の中に刻みこまれるようになってから、もう三二年ほどになる。

山男の題材が畦地梅太郎の代表的なモチーフとなったのは一九五五年頃で、そのモデルとなったのが氏の心の山の中の人物。その原像は氏が少年の頃に志を持って郷里の宇和島を後にする頃に遡る。明治三十五年、十六歳の時に学校教育とは無縁のままに独自の版画の道を求めて上京し、その時から氏の彷徨がはじまる。やがてその彷徨いの中での様々な出合い、せつなさを通して、研ぎ澄まされたような透明感溢れる畦地梅太郎の独自の境地が開かれていく。

「せつなさの山」という一冊は、ふるさとの山との関わりに始まって、その後の安らぎの場を求める山旅を切々と綴った画文集である。峠を越え山に登り、そして町に彷徨いつつ細々とした暮らしの一端を見せながら、胸が詰まるような妙にせつない小さな事件がいつも起こる。その時代時代の世相の中、氏の生き方が枠にはまらず、常にさすらっていくかの印象を受けるのは、氏がいつも窮乏の暮らしの中にいたということだけでは説明できないものがある。より深い心の中の安住の場を求めて、氏は遠くを見つめていたのではないだろうか。絵の世界に見る山男の視線は、そのような遠いあこがれを見つめているようにも思える。

表題の「せつなさの山」は二八ある文の中の一つで、そこで起こる事件そのものはつましい貧乏の話である。だが読み進むうちに、そのせつなさの向こうに輝いている限りない自由さに、羨望すら覚えていく。

畦地梅太郎は独身時代はアパート住まいだったが、暮れになると溜まった家賃が払えず自分の部屋にいられない。仕方なく大家の目を盗んでそっと逃げ出し、友人の所へ転がり込むのだ。金を借りたり幾ばくかの仕事をもらって凌ぎながら、伝を求めて地方への旅を繰り返す。だが地方に行っても町にいると金がかかるとばかりに、気楽に歩ける高くない山や高原、峠を越えて時間をつぶすのが常。そして夜は里に下って駅の待合室で寝たりしながら旅を続け、ようやく信州辺りの友人の所にたどり着くのである。

そこで幾ばくかの仕事にありつき正月を何とか過ごすことになる。そのうち多少なりとも金も溜まったところで東京に戻ろうとするのだが、ここでもまた事件が起きる。途中で別の友人と会って飲み食いの散財をしてしまい、目的地までの汽車賃もなくなり、少ない残金でやっとの思いで塩尻辺りまでたどり着くのだが、もうそこから先の手だてもなく、山間駅での夜は更けていくのである。

話の筋だけを追っていくと何ともおかしい話なのだが、暮れの寒い夜にザックを背負ってとぼとぼ歩いていく後ろ姿や、暗い峠を越え高原を歩き明るい朝を待っている男の心持ちに思いがいくと、妙にしんとした気分になる。冷たいレールの光を眺めている男の視線の先には何が見えていたのか、そこに漂う切々とした時間は物憂い。この一九二〇年代当時、大正九年から昭和五年にかけての日本の世相は世界恐慌前後の暗い時代の中で、また日本が大陸を侵略していく兆しを見せ始めた頃である。一方、文化的には「前衛」や「週刊朝日」「サンデー毎日」「文藝春秋」などの雑誌が創刊され、また日本プロレタリア美術家同盟が結成された頃でもあった。

こうした時代の空気の中で、畦地梅太郎は都会の暮らしに疲れた時に、好きな山でのテント暮らしを十日でも二週間でも続けたという。山へ行くと言っても、里での暮らしをそのまま山に持っていくようなもので、テント、毛布にシート。そして鍋、釜や米、味噌など食料を持って、まるで引っ越しのようだったという。そして酒も忘れずに、気に入れば何日でも居続け、やがて食料が無くなれば降りてきた。その一見自由な行動の中で、彼はいつも描こうとしていた。山歩きはいつも単独行で、暗い樹林の中で眠りそこで触れる山の霊気の中から独自の絵の世界を見つけていったのである。氏の「山男」のモチーフは氏の自由と安らぎの中から生まれた、自然の霊気そのものなのだ。自然の霊気とは、胸が押しつぶされそうな切ない思いの向こうの、微かな光のようなものかもしれない。

今すぐに暖かさに包まれることはなくても、その光の照らす先に向かって歩いていくという気を起こさせる道しるべは、姿形こそ違え、人それぞれが求めているものなのかもしれない。

（せつなさの山　畦地梅太郎著　昭和四四年六月三〇日　創文社発行）

瀟洒なる時間

わたしの博物誌は一九六一年（昭和三十六年）八月から一九六二年九月二十八日にかけて週刊朝日に連載された。その後単行本になったことはないそうだが、ようやく三十七年を経て一九九八年の八月二五日にみすず書房から刊行された。

Ｂ５判のハードカバー。白地に浮かび上がる一羽の黒いカラスのカットが暗示的であり、ずっしりとした手応えが、本そのものの重量感を越えて伝わってくる。見開き二ページで一話完結。動植物や自然の中の点景から導き出される深い洞察。佇む著者の視線を通して一つの物語世界が、辻まことの不思議なタッチの絵と共に浮かび上がってくる。

六一の逸話の一つ一つが、日常の中における非日常の世界を描きながらも、いつの間にか懐かしい空気に包まれていくのは、その文章が書かれた時代の匂いがページの間から立ち昇ってくるからかもしれない。

絵を担当している辻まことには「山からの絵本」という画文集があるが、その中に「けものたち」という一章がある。ムササビ、猪、兎、貂、狐など動物たちにまつわる話をまとめたものだが、いずれも動物を描きながらも、それに関わる人間の心根の優しさや、欲望そして動物たちとの交歓が寓話的に描かれている。また「三本足の狐」という一文には動物との闘いに狂っていく人間の業のようなものが描かれ、そこでようやく動物を描きつつも、いつの間にか人間そのものを描いている比重が重くなっていることに気づく。辻まことの「博物誌」とでも言うような世界であるが、この本が出たのが昭和四十一年（一九六六年）で、串田孫一の博物誌の五年後になる。人間の業の深さや寂寥感、そうしたものに静かに向き合う世界が、動物の世界を通して語られると言う両者に共通した視点があるような気がする。

第七話の死人の花は、彼岸花を通して関東大震災直後の東京の風景と人の佇まいが、味わい深く再現されている。14話　悲しみの伴奏者、36話　虫のめざめ　44話　池畔の宿、53話　移民の斡旋　58話　秋を踊る精などが印象的だが、辻まことの寂寥感漂う絵が串田孫一の文章の一字一句を目に留める速度を緩めていく。何度も絵の細部に見入りながらようやく見開き二ページを読み終える頃、いつの間にか深い余韻に浸りつつ、過ぎ去った時間や風景というものが、思いの外重いことに気が付くのだ。そしてそれから先には読み進まずに、とりあえず本をそっと閉じるのだ。

気持ちがしんと落ちついていくようなひととき、ページの打っていないこんな大きな本を手元に置いて、ゆったりと思いを巡らす時間もなかなか捨てがたい。

（わたしの博物誌　串田孫一著　つじマコト画　平成一〇年八月二五日　みすず書房発行）

百の行脚

百名山ばやりである。初めて深田久弥氏の「日本百名山」を手にした頃、なるほど日本全国良い山があるのだなと思ったが、そのころ二〇歳前の学生だった私には、北海道や九州の山々はまるで外国の山に等しいほどの距離感があった。距離感の中には金のかかる山行きになりそうとの思いも含まれており、それだけかけるのなら北アルプスに代表される信州の山々へという思いが先行して、なかなか百名山行脚などという発想には結びつかなかった。

そのころ山には若者が溢れ、第二次登山ブームとかで休みの前になると行列して夜行列車を待ったものだ。最近の中高年登山ブームを思うと、三〇年という時の流れが今更のように早く、そして山をとりまく空気がすっかり様変わりしたことを実感する。百名山を一つ一つ辿るのも一つの目的意識で、それを励みに元気になっていく中高年の姿を、有名な山への集中過密化、足早登山の数稼ぎなど問題をはらみながらも許容してしまうのは、自分が中高年まっただ中にいるからかも知れない。

だが百名山と、名山を並べられると多少戸惑ってしまう。名山と定めるのは個人の自由なのだろうが、人それぞれ気に入った名山があるのだから。そういった意味で、この頃の〈何とか百名山〉はややお節介という気分がする。

だがこの近江百山は、名山でも何でもないただの藪山が並んでいるだけなのだ。そしてタイトルはただの百山。なんと奥ゆかしく、またこれほど採算を度外視してローカルな山の本を出したナカニシヤという出版社も大したものだと、感心してしまう。

この近江百山、鈴鹿の山は北は霊仙山から南は油日岳まで二八座紹介されている。一般によく知られている山は霊仙山を初めとして、御池岳、藤原岳、静ヶ岳など鈴鹿主稜線上やその周辺の十六座ほど、あとの十二座の山々はまず登る人も少ない不遇な山。男鬼山、鍋尻山、高室山、万野、松尾寺山、押立山、東光寺山、水谷岳、宝殿山、北岳、能登ヶ峯、岳などの名前を聞いて頷く人は相当の鈴鹿通かも知れない。

こうした地味な近江の山を丹念に登り、記録を取り、その山のエッセンスを紹介しているのが近江百山之会だが、こうして一つ一つ記録を読んでいくと、その山の背景、滋賀県の里山と人との関わりなどが、じわりと浮かび上がってくるようだ。各ページの〈コラム〉で紹介される人と歴史の関わりや、その土地土地の取って置きの話などはとても愉しく読め、単なるガイドを越えた里山の資料集になっている。


（近江百山　近江百山之会編　平成一一年五月二三日　ナカニシヤ発行）

遙かな墓標

東京市の飲料水を確保するために、多摩川源流の小河内村にダムを造るという計画が明らかにされたのは、一九三一年（昭和六年）六月のことだった。東京府西多摩郡小河内村は上流から留浦、川野、麦山、南、河内、原、出野、熱海などの約三〇〇〇人もの人々が暮らす山峡に点在する山村で、村の歴史はたいそう古く、石器時代にまで遡ることがその遺跡からも推測できるという。そして何十代にもわたって険しい急傾斜の土地を開墾し近年では養蚕、炭焼きで暮らしを立ててきた。そんな平和な山峡の村に突然浮上したダム計画の推移と、それによって大きく変わっていく村人の人生を真正面からとらえた「日蔭の村」。

山に登りだして間もない頃、足繁く通っていたのが奥多摩の山々だった。奥多摩湖を中心に南北に尾根が分かれ、それぞれ東西に延びる尾根上に味わい深い山々が頭を並べていた。湖の北側には東京の最高峰雲取山から東に延びる尾根上に七ツ石山、鷹ノ巣山、六ツ石山、また南側には三頭山、月夜見山、御前山、大岳山など個性的な山々が連なり、そのアプローチも変化があって面白かった。特に印象的だったのが、武蔵五日市を起点とする山越えのルートで、それは未だ奥多摩湖へ抜ける自動車道が出来る以前のことである。五日市から数馬行きのバスに乗り、次第に山深くなっていく時間の中で、ゆっくりと体を取り巻く空気が濃密になっていった。数馬の集落は、田部重治の「山と渓谷」に収められている文章「数馬の一夜」にもあるような素朴な山村で、その佇まいはまさに物語の世界そのものだった。

一方北側の起点は、まだ氷川といっていた頃の今の奥多摩駅で、ここからくねくね曲がる渓谷沿いの道を行くとき、南北に屹立する山の斜面の迫力にたじろぐような思いだった。朝早く駅を出て未だ日の射さない暗い谷間をバスに揺られながら、次第に濃くなる陰鬱な空気を感じていたのはもう三二年ほど前になる。そして山峡の道を抜けて急に明るく開ける湖水の風景に感嘆しながら、ダムサイトの対岸に霞む山並みに見入るのだった。水根沢の足元に築かれた巨大堰堤からの眺めはどこまでも明るかったが、この水底にあった村から眺める山並みの印象を、かつて村人に取材した著者は次のように表現している。

「雨上がりで山の土はすっかりふくれていた。東の山が高いので、朝は十時にならなければ部落には日が射してこないのだ。日が当たってくるとわら屋の屋根からもうもうと湯気が上がって、桑の葉のいきれがひどかった。桑畑といっても川に迫った急な山の裾にやっと生えているばかりで、胸付八丁というほどの傾斜である」

著者はこの本でダム建設を時系列的に史実として追いながら、一方で克明に変貌していく村人の様子や周辺の有様を記しており、この本のタイトルであるもう一つの日蔭を浮かび上がらせることで、日本の多くの山村の抱えている問題を浮き彫りにしようとする、きわめて斬新な社会学的視点に立っている。

「東京という大都市が発展していく、すると大木の日蔭にある草が枯れていくように、小河内は発展する東京の犠牲になって枯れてゆく。山の日蔭にある間は良かったが、都会の日蔭になっていくと、もう村は駄目なのだ」という科白を村長の息子に語らせていくところから、村人と当時の行政のあり方が浮かび上がってくる。

一九三一年（昭和六年）にダム計画が明らかにされ、村と東京市との直接交渉が始まった。当初は現在のダム堰堤のある水根沢出合いから上流六キロの女ノ湯（めのゆ）という地点に計画され、一九三二年（昭和七年）には、一年以内に東京府の事業認可、そして資金調達の起債が行われそれ以後直ちに移転買収費を全額交付するという発表が成された。これを機に具体的な移転計画を進めるという状況説明に、村は受け入れを了承して村を取り巻く空気は大きく変わっていく。ここからが小説の世界になるのだが、近く村が無くなるという空気の中で村人の日々の生活は急激に変貌していく。養蚕も、炭焼きも結局することもなくなり、買収費の交付を巡る胸算用で、山林を宅地に替えて補償費のつり上げを図る者まで出てくる始末。また村の行政のサービス、たとえば村の生命線である険しい渓沿いの道の補修の取り止めなどからも、一つの悲劇の萌芽を予感させていく。

だが、翌一九三三年（昭和八年）六月になって大きく状況が変わる。建設予定地点のボーリング調査の結果、断層の存在が明らかになり、ダム建設地点を下流六キロの水根集落にする案が浮上するのだが、この地点にダムを作ると原の温泉部落を初めとして、出野、熱海などの一帯の中心的集落が水没して小河内村の機能は完全に失われる状況に陥る。やがてこの案の受け入れを巡り是非が議論され、行政当局の密かな代替ダム案の検討などのエピソードを盛り込みながら、以後二年間にわたってダム計画を巡る村人の赤裸々な姿の中で山峡の空気は暗く渦巻いていくのである。

それから五年間にわたる、暗く長い村人の苦難の日々が続いていく。ダム計画直後から生産活動をやめた村の財政は日増しに逼迫し、また個々人の暮らしも補償費を当て込んだ借金とそれを取り巻く不動産ブローカーの暗躍で追いつめられていく。一方村の財政状況は早期ダム建設推進が主要命題となり、この頃には建設地点の論議は二の次となり、一九三五年（昭和十年）十二月に小河内村村民一二〇名が内務省に計画推進の陳情をかけるまでに盛り上がっていく。これがこの小説のクライマックスで、山峡の道を大挙して警察警備網を破って都心に向かっていく光景は、まさに筵旗を立てていく農民一揆の姿そのものだった。

そして翌一九三六年（昭和十一年）二・二六事件による影響で計画が止まったものの、ようやく翌年一月にいたって小河内ダム起工式の運びとなり、村人念願の用地補償交渉が始まるのである。実に計画発表から五年半になる翌一九三八年（昭和十三年）になって、ようやく村民との正式調印に漕ぎつけ、工事開始と共に苦渋に満ちた日々に区切りをつけるのである。

著者はここで更に土地買収価格を巡る行政と、村人の思惑の乖離について物語を展開している。実勢価格と買収価格との開きは三割近くにもなり、ここでまた一つの問題が起こるのだが、ここまで読んでくると、どこまでも暗い「日蔭の村」の物語のどこに光明が見いだせるのだろうかという思いに、呆然となっていく。完全に破綻した経済状況の中で、追い打ちをかけるように進められる補償交渉。やがて全てが終わったとき、村の骸を晒すかのように一つの数字が浮かび上がってくる。

補償交渉締結直前には一六三〇町歩の土地が残っていただけだった。もともと四四五七町歩あった土地が、五年半の間に借金の片に売られたり、あるいは不動産ブローカーに買い占められて少なくなっていったのである。物語では、生活苦で娘を売りながらその金で酒を飲み、そして苦悩の中で事故死する男の悲劇が象徴的に描かれている。物語はこの悲劇を境に村を出ていく人の後ろ姿に、槌音を立てるダム工事現場への専用道路建設の場面をオーバーラップさせて、突然終わる。

その後ダム建設工事は一九四三年（昭和十八年）に太平洋戦争で中断。戦後一九四八年（昭和二十三年）に工事が再開されて、九年後の一九五七年（昭和三十二年）にようやく完成している。実に計画から二六年もの歳月が流れていた。

初めて山の帰りに奥多摩湖に降り立ったのが完工後十一年目の一九六八年（昭和四十三年）。未だ新しい匂いのするようなダムサイトの印象だった。

私の山登りは奥多摩に始まり、そして奥秩父から八ヶ岳、そして信州のアルプスへと次第にそのフィールドが広がっていった。中でも八ヶ岳山域は東京から比較的近く、三〇〇〇メートル近い山嶺や広大な裾野の醸し出す雰囲気が日本離れして魅力的だったこともあり、足繁く通うようになっていった。そんな動機がきっかけで、私にとって八ヶ岳は特別な山になっていった。やがて何年か経たのち、機会を得て山麓のロッジで半年ばかり働くようになったのだが、仕事の合間に清里や野辺山といった高原をよく歩いた。

ある時、八ヶ岳高原の開拓に小河内ダム建設に伴う移住者が数多くいたことを知った。入植の動きはちょうどダム計画から二年後の一九三三年（昭和八年）七月に、小河内村の代表五〇名が現地を視察したのに始まり、九月には小河内村の上流の丹波山、小菅村から二八名が現地を視察した。その結果翌一九三八年（昭和十三年）に小菅村から二八戸六二人が清里の念場ヶ原に入植したのである。だが水底に完全に水没する小河内村の人々は、入植を拒否した。広大な山麓は厳しい自然条件の中で開拓されていくが、戦後、清里を初めとする開拓農場は次第に農業からその周辺の観光事業など新たな方向に活路を見いだしていく。いずれにしても苦難に充ちた、日蔭の村の人々のその後の人生の一つの形として、その歴史は時代の大きなうねりの中で翻弄されてきたのである。

一九七一年に八ヶ岳部落共同墓地が完成したが、日蔭の村からの入植者二三名の墓碑は、あの小河内ダムの上流、山峡の故郷丹波山村を向いているという。この話から、ふと鈴鹿の山峡、永源寺ダム湖の風景を思い出した。

渇水期になると湖底から現れる村跡に複雑な思いを抱きながら、発展や開発の名の元に泣いた多くの人々の記憶が年を経るにつれて風化していく風潮の中で、墓石だけはしっかり故郷の跡を見つめ続けているのだなと、その佐目の集落外れの墓地の、墓石群が見つめる湖水に見入ったものだ。その視線の先には日本コバの大きな台形の山が座り、その山懐には幾つかの村跡が苔むした石垣や、廃屋の跡を見せながら静まり返っている。「日蔭の村」は確かに水底に沈んだ村の一つの墓標といえるかもしれないが、今のどかに山の影を映している湖は何も語ってはくれない。それゆえに、そうした似たような歴史を持つ地に思いをめぐらすことがせめてもの供養となるのかもしれないと、そんな思いでこの本のページを閉じたのだった。


（日蔭の村　石川達三 著　昭和一三年六月三〇日　新潮社文庫発行）

自然の流離

制約のない山旅、と言うときわめて抽象的なことばだが、この一冊を紐解くたびに思うのは自由に人生を過ごすことの意味についてである。人生は旅だとよく言われるが、人が時間を過ごしていく中で巡り会う自然と人、そしてそこでの束の間の滞在は、それぞれが一つの物語であり、またメルヘンなのかもしれない。

物語は様々な舞台の上で語られるが、それは戦前の北海道日高の山に始まる。やがて長い戦争があり、筋骨薄弱という理由で兵役を免除された著者はやがて留学という名目で中国に渡り、その広い大地に暮らすうちに、心豊かに生きることの意味や、自然に抱かれることの本能的な悦びに目覚めていくのである。〈朝のない夜はない〉という言葉をしばしば経験した、と著者は語っている。中国北東部に広がるホロンバイル平原にある山頂から見た落日。その方向にただ歩いていけばパリに着くという言葉を引用しながら、時間の流れの中に身を任せるしかないという一つの摂理に目覚めていくのである。それが著者の暮らしの原点となった。

戦後の信州蓼科高原で始まった暮らしの中で様々な出会いが生まれ、そこで出会った人々との交歓が第一部「山の詩人たち　蓼科生活記」と題して、不思議なメルヘンの世界に描かれている。生き生きとした人物描写と、人々に対する眼差しの深さに引き込まれていくのは、一期一会のせつなさが寄り添うように流れる静かな情景からくるのだろう。それは著者が中国大陸で触れた一つの啓示、つまり大いなる摂理の表現者は山や自然だ、との実感そのものなのかもしれない。

束の間の暮らし、それは時の長さや短さだけをいうのではないようだ。ある巡り合わせでその時間を過ごすとき、そこでの人々との触れ合いは心豊かなものであればあるほど、大いなる自然の摂理というものが、常に人の心の中で生き続けるという実感として伝わってくる。人との出会い、別れ、死そして暮らしの中の様々な喜怒哀楽が、生を基準にした有限の時間という摂理の上に淡々と描かれる。著者は〈朝のない夜はない〉と、そのように必ず巡ってくるその摂理を意識することで、人が生きるという一つ一つの風景を愛おしく見つめているような気がする。それは諦念にも似た潔さと見られがちだが、風景の中に埋没していく人の姿を通して語りかけてくるものは、まさに制約のない旅そのものであろう。豊かな自然の中で営まれる人の暮らしは、時には童話世界を垣間見せつつ、そして人間の魂の永遠というものについても考えさせられる。

第二部で「わが山旅の記」として北海道、東北、上越そして関東など八本の山紀行が収められている。熊の眠る山での話や、ウグイスの話。そしてカモシカや牛など様々な動物を巡る話が、行く先々での人との関わりの中で淡々と語られていく。大いなる自然の中で、人も動物も、全てが寓話の世界のようで、その普通の暮らしの情景が一枚の絵を見るように落ち着いた輝きを放ちながら描写されている。語らいは一見おもしろ可笑しく、しかしその情景が過ぎてしまえば妙に寂寥感が残る。旅が一期一会であるだけにその思いは、四季豊かな風景の中ではより一層光り輝いている。そしてどの話にも共通しているのは自然と調和する人の暮らしで、その暮らしの中心にいつも人々との触れ合いがあるということだ。だが読み進むうちに、その時系列の無い山旅の空気の中にいつの間にか包まれ、一体自分はどこに行ってしまうのかという、一種とりとめのない不安感もまた微かに頭をよぎる。胸の奥に甘酸っぱいような感慨さえ沸き上がってくるのである。それが人間一人一人の胸の奥底にある本質的な孤独感というものなのだろう。そのような思いがふとわき上がる不思議な世界であり、文章である。

「星の降る山」は北八の横岳山頂で野宿したときに、降り注ぐ星から生き物の本能が自分にもあることを確認したきっかけとなったフレーズである。人が生きていく上での希望や、そして何かに対する限界などが全篇に流れている一冊。山の本というにはあまりに抽象的であり、透明すぎる世界を描いているかもしれないが、改めて人間の視線というものの本質的な豊かさや、生きるということの意味について考えさせられる。そして自然の中でこそ、それは一層研ぎ澄まされていくものだということが実感できる。

（星の降る山　大滝重直著　白水社　昭和六一年七月一〇日発行）

遠い風景

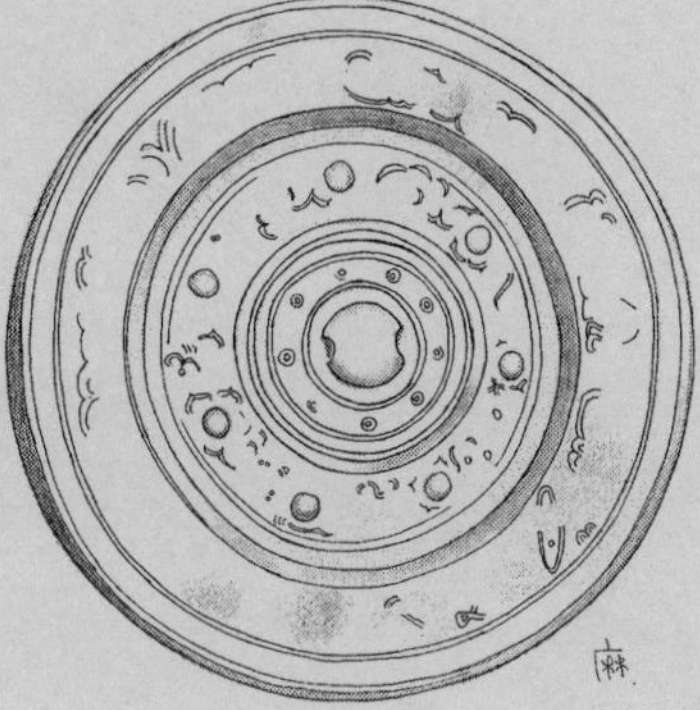

英国スポング社製一号機

大したものでもないのにいつまでも部屋の片隅にある、というものがある。毎日使っているので改めて考えたこともないのだが、ふとマジマジとその古びた黒い物体を眺めていると、まるでタイムスリップしたかのように三〇年ほど前の町の風景がぼんやりと浮かんでくる。昭和四十年代中頃、東京は新宿の北、目白通りの駅前商店街。

手許に引き寄せるとずっしりとした重量感が伝わってくる。赤い手回しハンドルが少し洒落た空気を放っているが、無骨な黒い鉄の塊には違いない。ハンドルのすぐ上にはラッパのような口が開いている。ラッパを包むように丸い本体の周囲に英文が刻まれている。黒地にうっすらと浮かび上がるかすれた金文字は〈SPONG C.LTD.〉そして裏側にはMADE IN ENGLAND No.1とある。鼻を近づけると古びた鐵の匂いと共にコーヒーの香ばしい薫りがぷーんと漂ってくる。それが英国スポング社製の手回しコーヒー挽き機一号機だ。

店の前にさしかかるといつも香ばしいコーヒーの薫りに包まれた。この店は皇太子殿下がご学友と見えられるとかで後日雑誌などに紹介されたこともあったが、当時はまださりげない商店街の片隅の店で、私は下宿のアパートに戻る道すがら店売りのコーヒーを買うのが楽しみだった。といっても挽き売りのコーヒーを買って、家でドリップするのがせいぜいだったが、コーヒーの包みから漂う薫りに包まれながら、途中にあった古書店などをのぞいたりして、目白の閑静な住宅街に包まれていくのだった。途中には徳川家累代の宝物を管理する徳川黎明会などの豪邸があったり、辺りには贅を凝らした洒落た家が建ち並び、侘びしい安アパートに戻るまでの時間は、非日常的な空気の漂うなかなか良い散歩道でもあった。

目白は新宿と池袋との中間で、目白通りを中心として学習院大学や日本女子大学、また川村学園といった良家の子女が多く通うような学校があるせいか、何となくあか抜けた雰囲気のある町だった。町の中心は駅の西側になり、商店街がずっと西の環状道路にぶつかるまで続いていた。銀行から衣食住、そして古書店まで何でもそろった庶民の町並みといった感じだったが、対照的に駅の東側は学習院大学を初めとする私立学校が点在し、閑静な住宅街が続いていた。週末山に向かうときなど汚いキスリングザックを背負って通りを行くとき、白い襟のセーラー服のグループが近づいてきたりすると微かな気後れが沸き上がったりした。

その日は朝から雨だった。いつものように店先でコーヒーを挽いて貰いながら通りをぼんやりと眺めていたのだが、突然カウンターの中から声が掛かった。

「いつも挽き売りですけど、ご自分で挽かないんですか」

いつも無愛想な背中を見せていた女性が顔を上げながら聞いてきた。落ち着いた感じの人だった。指先の仕草やラッピングする様子が洒落ているなと感じていたが「有り難うございました」という言葉以外は聞いたことがなかった。ミルを持っていないというと、一瞬ちょっと考えたような遠い目つきになったあと、ちよっと待っていて下さいと言いながら奥へ入っていった。暫くして、古びた新聞紙に包んだものを持って姿を現した。「よろしかったらこれをお持ちになりませんか」と言いながら包みを開くと出てきたのが、高さ二五センチ、幅十五センチほどの黒い鉄の塊のようなコーヒー挽き機だった。この場合、ミルではなく、挽き機と言う表現がぴったりするような古びた感じで、ラッパの内側の白く塗った琺瑯びきの剥げ加減から益々そんな印象を持った。古道具みたいなコーヒー挽き機だったが、何となく気に入って譲って貰うことにした。幾らだったかはっきり覚えていないのだが、確かその日手にしていた金では足りなくて、二回払いにして貰ったような気がする。傘を差しながら片手でずっしり重いコーヒー挽き機の感触を確かめ、危なっかしい足取りで濡れた目白通りを歩いていった。

それからは豆を買うようになったが、どうしたことかコーヒー挽き機を譲ってくれた直後からあの女性の姿は見えなくなってしまった。コーヒー豆を買いに寄るたび、今度は分厚い背中の男が音を立てながら豆を袋に掬ってくれるようになったが、私は何となくぽっかり穴の開いたような気分で、ちょっとアン・バンクラフトに面差しの似た横顔を思い浮かべながら、焙煎直後のコーヒーの薫りを頭の隅で感じていた。

あの頃ひどい貧乏学生で、新宿西口の鯨カツ定食が最高のごちそうだった。小便横町などと呼ばれた新宿西口のガード脇の赤提灯街には、小さな間口の店がハーモニカのように並んでいた。奥に細長く延びたカウンターにブロイラーのように並んで座り、熱い鯨カツと飯を忙しく頬張った。時々焼酎でおだを揚げ、なんだかんだと隣の客と喧嘩になるようなこともあった。確かに当時の新宿は熱気が渦巻いていた。アートシアターに唐十郎の赤テント、そしてはピットインやビレッジバンガードと流れてやがてゴールデン街へ。本当に今考えると雑多で猥雑でまったく刺激的な町だった。だが、悲しくなるくらい金がなかった。神宮外苑の三〇円の立ち食い蕎麦を食べに二キロも歩いていったり、山行き資金を作りに質屋通いをしたりと、かなりの状態だった。そんな中でコーヒーを挽いて飲むというのが、かけがえのない贅沢のような気がしていたのだろう。高田馬場のパール座で映画を見た帰り、古書店で見つけた冠松次郎の「黒部」上下二巻と焙煎直後の温かなコーヒー豆を抱えて歩いた目白通りの夕暮れは、紛れもなく私の二〇歳の青春の熱い情景だった。

その後下宿を何度か変わり、そして数年を経て生活が変わってもスポング製一号機はいつも台所の片隅にあった。ガリガリとゆっくり手回しハンドルを回す時間は、ちょうど頭の中の霧が晴れていくような、朝の目覚めの速度にぴったりと合った。何年か日本を留守にしたときにも預けた荷物の奥底にこのコーヒー挽き機はあったのだ。荷物と言っても山道具と気に入った本が段ボール箱幾つかあっただけで、その頃はまるで家財道具というものがなかった。本当に身軽だった。ボストンバッグ一個でどこへでも、根無し草のように流れて行けた。そんな暮らしの中で、たった一個のコーヒー挽き機はどこにも行かず、何年経っても思い出したように荷物の中から現れた。いや正確には部品が二つ無くなってしまったのだが。取り外しの出来るハンドルを本体に固定するネジ一個と、挽いたコーヒーを受ける直径九センチほどの皿。ネジは何とか代用できたが、皿は仕方がないのでプラスチックの小ぶりのカップで受けている。

ガリガリとコーヒー豆を挽く音を聞きながらぼんやりと本棚に目をやると、あの目白通りの古書店で求めた古びた本がほこりを被っていた。手に取ると、傷んだページの角が埃のようにパラパラと粉になって落ちてきた。すっかり黄ばんだ紙の間に、あの頃の情景がぼんやりと浮かんだ。だがそれは洒落たセピア色なんぞではなく、白っぽくとんだ露出オーバーの写真のようで、見つめるといっそう輪郭は淡く霞んでいくようだった。

ネパールの王様と私

妙にあっけらかんとした道の両側に続く群集の列。待ちに待っているという感じでもないが、そこは一種のお祭り気分で、来るべきものを静かに迎えるといった気分が漂っていた。傍らの人にどの位ここで待っているのかと聞くと、

「チャール　ガンタ（四時間）」という声が返ってきた。

道の脇には兵隊が厳めしく立ち並び、しかしのんびりと群集の整理をしていた。セレモニーの前の、行列を恭しく迎えるために道路を清める儀式といったような感じで、王宮に続くメインストリートは朝から通行止め。丁度そのころ国王夫妻はハヌマンドカという旧王宮で戴冠の儀式を行っており、それを終えて住居となっている新王宮（ナラニヒティ）に戻るその姿を見ようと、人々が集まっているのだった。

そう、その日はネパールのビレンドラ・ビル・ビクラム・シャハ国王の戴冠式が行われる日だった。一九七五年二月二四日のことだった。今か今かと、愉しげにパレードを待つ人々の姿は確かに明るかった。色々な顔があった。インドアーリアン系ありモンゴロイド系あり、その間に欧米系の顔も覗いていた。ネパール人の顔はちょうどインド系に近いが、

正確にはネワール系という固有の種族で、顔の造作がやや小ぶりに整いモンゴロイドのような優しい雰囲気もある。しかしモンゴロイドやアーリアン系とはいっても、更にそれぞれがたくさんの種族に別れ、また幾つかの種族の女性などは独特の衣装をそれぞれ身にまとっているので、実に華やかな群集の空気が漂っているのだった。そして裸足の人が多いことも、この華やかなパレードの観客の特徴だった。ネパールに入国して未だ二〇日ほどしか経っていない頃で、ちょうど巡り合わせたこの大イベントにちょっとした関わりを持つことになったのも、不思議な巡り合わせだった。

入国直後に当面の宿泊場所にしていたのが、王宮近くにある日本のヒマラヤ観光会社のゲストハウスで、ちょうど世界で最初に女性だけでエベレストを目指すという日本エベレスト女子登山隊の一行が同宿だった。そのゲストハウスに長期滞在していたのが知人のO氏で、ちょうどこのとき日本大使館でネパール国王の戴冠式準備と日本からのゲストの受け入れの準備をしており、私はちょうど彼の部屋に転がり込んだ格好だった。町全体を包む賑やかな空気の中で、登山に、商売にと様々な人の思惑が飛び交い、また何かに向かっていくという健康的な活気が渦巻いていたその頃のカトマンズだった。とにかく戴冠式が終わるまでは私の当初のスケジュールは始まらないので、結局O氏の戴冠式準備につき合うことになったのだった。

「ドリケルの方に行ってみよう。民家のトイレを探さにゃいかん」

「何でトイレなんですか」と聞くと、O氏はさも可笑しいというようにホッホ笑いながら言った。O氏は京都の出身だが、ずっと東京に暮らしていたので、関東弁の言葉の端はしに突然関西弁が入りこみ、そんな口調が何となくユーモラスだった。

「皇太子、皇太子。美智子さんも使うかもしれないので、よほど綺麗な家でないと、しゃーないわな」

「エーッ。皇太子ご夫妻のトイレですか。探すの光栄ですね」と、私はなんとも間の抜けた相づちを打ちながら、日本政府の公用車の後部座席に乗り込んだのだった。戴冠式に参列する皇太子ご夫妻が、カトマンズのスポットを視察する際、辺地ドリケルの小学校がコースに入っているのだという。そこで休息されてもしトイレでも所望されたら、辺りは農村で洒落たトイレのある家などはない。いやトイレのある家など、稀なはずだった。ネパールの民家のトイレは水洗なのだが、この水洗というやつが何とも素朴そのもの。中にはいると段差のないたたきに直径一〇センチほどの丸い穴が開いているだけなのだ。傍らには水の入った缶が置いてあるだけ、というのがほとんどで、用を済ませると左手を使って水で尻を洗い、あとはザーッと流すだけ。とてもこんなトイレを高貴な方にお勧めできるわけはない。と、洋風トイレの探索行となった。

ドリケルは東の外れ、盆地を見下ろす山の斜面に点在する家々はのどかな佇まいで田園に鳥の声が充ちて、まことにうららかな空気が漂っていた。展望台のような眺めの良い台地に立って大きく息を吸い込むと、なんだかホッとしてそれまで緊張が続いていた入国直後の二〇日あまりの暮らしの中で、ようやく息がつけたような気がしたことを思い出す。

結局首尾は上々と言うほどでもなかったが、ともかく洋式便器のある比較的こぎれいな家を皇室御用達ということにしたのだった。帰りぎわに小学校を覗いてみると、まだ少女のようなあどけない顔をした先生が、書取か何かの授業をしていた。窓から覗くと、子供達が嬉しそうに笑顔を返してくれ、先生自ら「ナマステー」と挨拶を投げてくれた。ナマステー、とまるで音楽のように謳うような良い響きだった。

それから一週間後、戴冠式の日を迎えた。私は沿道に居並ぶ群集の中で、ふっと戴冠式の来賓の中の日本の皇太子ご夫妻の姿を思い浮かべていた。その日の午後、散々待ったあげくにようやく国王夫妻を背中に乗せた象が儀仗兵に取り囲まれながら目の前を通りすぎていった。それは夢の世界の出来事のようで、まるで現実感に乏しい御伽草子の光景だったが、脇で熱狂している質素な身なりの山地民らしい男の家族づれに、あの山村ののどかさを重ねたりしていた。

それから数日して、O氏から皇太子夫妻はスケジュールが変更になり、トイレのある村には行かなかったことを聞いた。それを聞いて何となくホッとしたような、残念なような妙な気分だった。戴冠式の残務整理の多忙な中、今度は有名な人に引き合わせてやろうと、王宮にほど近い古いホテルに連れていってくれた。そこはもとのラナ家の宮殿でシャンカールホテルといった。一二九年前の一八四六年に王室から政権を奪取して宰相政治という形で近代化を進めたのがラナ家で、その後一九五〇年に王政復古するまで約一〇〇年間に亘って政治の実権を握った。政権奪取の際に王室の一族を一度に虐殺した暗い過去を持ち、歴史的にはコートの大虐殺事件として知られている。一般に日本の天皇に対する徳川幕府の立場に似ていると、ラナ家の位置づけが説明されるが、その関係はなかなか複雑である。現在のネパールの近代化の礎はこのラナ家によって創られたものである。

白亜の宮殿をそのままホテルに改造した豪壮な建物は当然五つ星ホテルで、宿泊料は当時の貨幣価値で一泊三六〇〇円ほどもしたのだろうか。最上階のスウイートルームに泊まっているというその人は、ネパール国王の招待客とのこと。一体誰なのだろうと興味津々で後についていった。

ドアをノックすると小柄な老人が顔を出した。鋭い眼差しに似合わず人なつっこい笑顔のその人は、あの西堀栄三郎氏その人だった。日本初のヒマラヤ遠征、マナスル登山許可の折衝のため戦後初めてネパールに入国して許可を取った、その人だった。旧制京都一中の山岳部の先輩とのことだった。なんと言って引き合わせてくれたのか、ハッキリと覚えてはいないが、ネパールに留学していますというような紹介をしてくれたのかもしれない。西堀氏は帰国間際の忙しい中で、ネパールのこと、今作っているヨットのこと、そのヨット「ヤルンカン」号で世界一周をしようと思っていることなど親しく話してくれた。夢と希望のような話をしてくれた。

京大学士山岳会が初登頂した、記念すべきヤルンカン峰の名を戴いた外洋ヨットでの世界一周は、氏にとって新たなる挑戦だった。それはたゆまない行動力と発想の継続、そして旺盛な好奇心が動かしていると言うことが、強く伝わってくる。良く生きるというのはそういうことなのだと、不思議な感慨を受けたことをはっきりと覚えている。O氏がそれから十一年後にネパール関係の本を出版されたとき、西堀氏が序文を寄せられたが、その中でO氏について、「(中略) それ以後三〇年、いろんな若者を連れてやってきた。ネパールでひょっこり出遭ったこともあった。何をして食っているのか知らないが、良く生きようとしているらしい。(中略) おかしな奴の一人だ」などと書いている。私は序文を目にするたびに、ふとあのときのことも入っているのだろうかなどと思いながら、あの古びた宮殿の一室での情景を思い返すことがある。そして宮殿や国王の戴冠式、そして壮大な夢の話の外に広がる世界のダイナミックなうねり、埃っぽくて素朴な庶民暮らしの情景とともに、より活き活きとしたあの国での様々な出来事が蘇ってくるのだった。

二七歳の若き国王夫妻が舵取りをするヒマラヤの王国と、政治の生々しい舞台を象徴するような豪壮な建物。そんな舞台の中で流れた不思議な空気の中で、妙に現実感に乏しい足元の頼りなさを感じていたのも若さから来るものだったのか、それは今でも説明がつかない。だがそれがネパール国王を巡る、私の奇妙な時間の記憶だった。

その後、戴冠式も終わって日本に帰るというO氏を空港に見送ったあと、あらかじめ決めておいたカトマンズの町はずれの下宿に移ることにしたが、何となく取り残されたような気分で体の周りを白々しい空気が取り巻いていたのを思い出す。それは未だハッキリ見えない自分の道を、組織も何もない中で一人歩いて行かなくてはならないと言う漠然とした不安そのものだったのかもしれない。

あれから二六年の月日が流れ、いま私は鈴鹿の山の見える田園地帯に住んでいる。この町には西堀栄三郎氏を初めとして歴史に名を残した探検家を顕彰する建物があり、その探検の殿堂という不思議な形の建物の脇に外洋ヨット「ヤルンカン」号が置かれている。西堀氏の父親の実家のある町という縁でそんなことになったようだが、妙な巡り合わせではある。西堀氏はとうとうこのヨットで夢を実現することは出来なかったようだが、山野に海洋に、そして氷雪の世界にとフィールド・ワークに青春を捧げ、のちにそこから学問の道筋を創造された氏にすれば、まさかこんなところにヨットが置かれるとは思ってもみなかったことだろう。飲食店と土産物屋のくっついた建物の前に置かれた夢のヤルンカン号は、誠にその探検の精神にふさわしくない。まるで情けない佇まいで、マストを屹立させていた。

そして二六年目の二〇〇一年の六月二日、ネパール国王夫妻が家族共々殺害された。すっかり中年の風貌に変わった新聞の顔写真を眺めていると、あの頃の若々しい姿が頭の隅に浮かんでくる。あの戴冠式のあと、お忍びでレストランに現れた王様に遭遇したことがあった。突然のことに思わず「ナマステー」と挨拶をすると、満面の笑みで気さくに挨拶を返してくれた。そんなことが古い日記に記されてある。

死因は皇太子の銃の乱射によるものだというが、何やら夢のような遠い話だった。ただ、折に触れあのヒマラヤの小国は血なまぐさい事件が起こる。そして死の後始末は、一見おおらかな空の下での葬送の儀式で、やはりそれも物語的である。バグマティー川のほとりの焼き場（ガート）で火葬に付されたと聞く。群集の見つめる中でパチパチと薪のはぜる音の中で旅立っていったのだろう。そのパシュパティナートという寺院の背後の山並みは、鈴鹿の山並みに何となく佇まいが似ている。たなびく煙の先にヒマラヤを望む丘がある。のびやかな葬送の光景だったことだろう。王様と共にあの国での何かがひっそりと消えていったような気がする。

あの頃のこと、そしてあの国での様々な出来事の一つ一つがだんだん遠くなっていくにつれて、全てが一塊りになって記憶のなかで昇華しながら、心地よい風にでもなっていくような気がする。形が見えなくなっても何かが心の中に残っていくような、それは何か眩しいようなもの悲しいような、しかし妙に心地よい気分である。それが輪廻転生に象徴されるような、真の意味で終わりのない世界なのだろう、多分。さすれば自分の青春は永遠に終わることもないということになるのか、だがそれはどうか—。

古いもの

古いものが好きだ。町並み、家、そして空気もそうであればなお良いと思っている。が、そんな理想的風景も次第に少なくなりつつあるのが現実である。何故そんなに古いものに惹かれるのか考えてみることもあるが、突き詰めて考えるまでもなく、その中に身を置いているうちに自然と気持ちが和んでいき、いつの間に考えてみようということ自体忘れている。

ただの懐かしさというようなものではないことは確かである。恐らくそれは呼吸することと何か関係があるのかもしれない。しかし古いといっても、骨董的世界に埋もれて悦に入るというようなものではない。ゆったり流れる空気の中で営まれる暮らしの風景や、町の佇まいと言ったように、体の周りを取り巻いているものに惹かれる。神社仏閣、そして城下町に加えて、背の低い民家が並んでいるような風景もいい。夕方ともなると通りに長く延びた影がうつり、民家の屋根越しに茜雲が見えていたりしたら、何も言うことはない。下駄や靴音がのどかにひびきわたる通りを、ぼんやり何か考えながら歩いていても危険のない様な町並が良い。要するに歩く速度で時間の流れる風景の中にいるときが、一番気持ちが安らぐ。その究極的な気分のものが古代史への旅だが、その旅も時の流れとともに次第に変わりつつある。

榊莫山が「大和　千年の路」という本の中で、最近の奈良の明日香の観光化についてストレートに凄い感想を吐露していたのが印象的だった。まだ辛うじて明日香の原風景を残している冬野の集落へ向かう道すがら、石舞台古墳に苦渋の視線を投げた書家の目に映った古代史の舞台は余りに無惨だった。莫山の師である辻本史邑が書いた、六朝の書法で書かれた〈特別史跡石舞台古墳〉の碑が植樹で見えなくなりつつあることを嘆き、一方で文化や芸術が何も分かっていない日本の政治の貧しさを腰を抜かして見つめているのだ。

「辺りには何もないことが、莫然とした明日香の歳月を、しみじみと思わせるのにふさわしい（中略）木はいらない。柵もいらない。番小屋もいらない。切符を売って金を取るのは止めた方がよい。姿を四〇年前の姿に戻すのだ。しきつめられた砂のまんなかへ、さり気なくぽつん、とおかれたとき、石舞台は息をふきかえす、と思う。（中略）いまのまま、二重の柵なんて、もう私には、全く檻にみえてくる。植えてある木木は、檻の中息たえだえの巨岩の供養に思えてならない。こういう風景は、何も明日香の石舞台だけやない。（中略）壮大な駐車場や土産物屋。これでもか、と押しよせてくる力に、なにもいえぬきぶんとなってしまう」

（榊莫山　「大和　千年の路」　文春新書　より）

観光整備すればするほど金がかかり、そのために柵を巡らせて入場料を取ると言う姿に、現代の観光化の陥る矛盾が集約されているのは確かだろう。元々そこにあったものを見せるのに、付加価値をつけて金を取るというのは一体どういう発想なのかと、そのような疑問を素直にぶつける榊莫山には、純粋に対象そのものしか目に入っていない。維持管理の問題、そしてその経費が行政では負担しきれないと言ったような現実問題は次元の異なる話となる。しかしその純粋に対象を見、そして考える行為こそが今もっとも我々に求められていることなのではないだろうか。

私も明日香を訪れるときはその情報網にひっかかりながら巡っていくわけだが、せいぜい努めているのは足を使うことくらいだ。ただひたすら歩くというのは明日香に限らず、日頃心がけているライフスタイルだが、そこから全てが始まっていくような気がする。だがよく考えてみると、この歩くと言う行為が、全てにおいてスピード化が求められる現代において最も難しいことなのかもしれない。速く、大量に人や物が流れるということが、本来の流れに逆行する始まりには違いない。だが、遅いと言うことは逆に言えばより多くの物に触れることが出来る時間が長いということで、とりもなおさずそれは、より長く生きるということにもなるわけである。それが良く生きることになるのかどうかは分からないにしても、様々なものに触れて飽きることのない時間だけはゆっくりと流れていく。

昔こんな標語があった。「狭い日本、そんなに急いで何処へ行く」一体どこに来てしまったのかこの国は、と思うことはしばしばある。効率優先で全てが慌ただしく流れるこの時代にあって、せめて古いものが好きと言う趣味ぐらいは、ささやかながら愉しみたいものだ。

田園の中の道を歩いて、大化改新の舞台となった伝板葺宮跡から岡寺に向かった頃はちょうど稲刈りの真っ最中だった。黄色いジュータンを敷き詰めたような稲田を割ってのどかに小道が続き、集落の家並みの上に広がる空はのどかだった。ときおり田の間をサイクリングのグループがのんびり走り去っていく。聞くところによると、近く試験的に観光客にGPSを貸しだし、徒歩や自転車で自分の位置を確認できるようシステムを作るという。今後は車に頼らない明日香巡りを、地域あげての取り組で模索するとのことだが、それも、この古代史の村をより良い形で後世に残すための、試みの一つなのかもしれない。

山を背にした集落の佇まいに目を遊ばせながらそぞろ歩いていくうちに、石張りで井戸跡付近を復元した伝板葺宮跡にさしかかった。柱の跡をイメージさせるため植樹や、大極殿跡を偲ばせるように盛り土したりして雰囲気を盛り上げているものの、周囲の稲田ののびやかな広がりには負けている。ここでは農村の暮らしの気配がより濃く、のどかに響き渡るコンバインの音が青空に吸い込まれていった。日向の匂いをはらんだ穏やかな風に巻かれながら、この宮で血なまぐさい政治的変革があったことなどを思うものの、畦に座り込んで山並みを眺めているとそののどかさに負けそうになっていく。

まほろば

日本人の原風景を求めて、入江泰吉は戦争の終わった年から古代のまほろば・大和路の写真を撮影し続けてきた。その結果、昭和三十三年「大和路」第一集、さらに三十五年には第二集を発刊し、大和路の美を世に問うた。今回その二冊の写真集からカラー作品一点、モノクロ作品九〇点で構成される「入江泰吉　写真集をたどる」と銘打った展示が、先頃奈良市写真美術館で開催された。

入江氏が撮影した一九五〇年代の大和の風景を求めて、一九九二年から一九九三年にかけて、朝日新聞奈良支局の写真部員が同じ構図で大和を撮影した朝日新聞奈良版の連載「うつろいの大和」の為だったが、その後その変貌の有様に焦点を当てた写真集「入江泰吉作品と今　うつろいの大和」が一九九四年にまとめられた。写真集ではここ四〇年ほどの間の都市化の波を受けて大きく変貌していく大和の姿が同じ構図で焼き付けられ、今更のように大和路の原風景が失われた喪失感、寂寥感が感じられた。当時の生活感溢れる田園風景や素朴な民家の佇まい。堂塔や築地塀越しに覗くはるかな山並みから、人々の暮らしのすぐ脇に、ゆっくり流れる時間があったことが伝わってくる。この二つの大和の対比を見てからずっと入江氏の写真の持つ意味を考えていたが、記念碑的な二冊の大和路の写真集の原画が並ぶと知って出かけてみた。

それにしてもモノクロ九〇点の全紙大に伸ばされた大和路の風景は、素朴で静かな迫力があった。会場には大和路第一集、二集の原本が展示されてあったが、印刷されたものの限界というか、そこに漂う空気がまるで違うのには驚かされる。印画紙に焼き付けられたモノクロの大和路には、確かな手応えがある。写真から立ち上る空気は勿論のこと、路地や軒先の佇まい、建物の陰影の廻りにハッキリ感じられる撮影時の温度さえも伝わってくる。またモノクロで撮られた写真でありながら生き生きとした色彩感が感じられるのは、光や明暗の構成によるものであると同時に、そこに入江氏の大和の風景に対する慈しみの視線が重なっているからなのだろう。

入江氏が大阪で焼け出されて、戦後奈良に戻ってきてから再びカメラを持とうと思ったのは、東大寺三月堂の仏像が疎開から戻ってきた時の光景を見たとからだという。戦勝国アメリカが日本のめぼしい美術品を、日本国外に持ち出すのではないかという風聞が流れ、そのことが頭にあった入江氏が三月堂の光景を見て、せめて写真に残すのが自分の使命だと思ったとあとになって述懐している。グルグルに布を巻かれた四天王立像に感じた慈しみの心情が、その後の氏の活動を決めたのである。多くの作品に現れているその心情が、写真を見るものの心を打つのかもしれない。

一通り見終わって幾度となく気に入った写真の前に立ったが、知る由もない五〇年前の大和路の風景に懐かしさを感じるのが不思議でならなかった。築地の塀の先にぼんやりと見える寺の甍や塔の佇まいは、町の風景の中にさり気なく溶け込み、それは国宝級の文化財のような厳かで構えたようなものではなかった。ごく普通のご近所にある檀那寺の風情で、気安くそれでいて凛とした清冽な空気が漂っているのだった。

東大寺大仏殿を遙かに望む、秋篠川に沿った野道も確かにどこかで見た風景だった。秋草の間に流れる川面に日の光が反射している写真があった。流れの先には橋が架かっているが、妙に頼りないその橋脚の細さにふと四〇年前の横浜のある小さな町の光景が重なったりした。それは護岸工事などというものがまだ一般的ではなかった頃の普通の風景であり、風や土、そして水などの感触が直接伝わってくるものだった。その懐かしさは私自身の故郷の原型、風景との出会いでもあったが、その古びた町の佇まいに心の中の風景を重ねてみようとすると、微かな軋轢が漣を立て始める。

帰り道、高畑から春日大社、東大寺二月堂への道すがら、樹林の小道に入江氏の飛火野の鹿のシルエット写真や、まだビルで埋まる前の海石榴市の黄昏の光景などを重ねてみた。寺院や塔の写真ではなく、さり気ない野の写真の風景に息がつけるような気がした。大和路まほろばの中の自然は、ようやく土と水の匂いを感じながら歩いているときに甦ってきた。アセビの森を抜けながら、ふと鈴鹿の藪山を跳ねる鹿の姿が重なった。

都祁野にて

都祁《つげ》という文字の並びが、目を惹く。日本書紀では「闘鶏」と書いてつげと読ませているが、その語源が古代朝鮮語のトキノ（都祈野）から来ており、その意味が日の出を意味するということからも、一種独特神秘的な印象がある。この大和盆地東側の山中に開けた山辺郡の高原台地にかねて惹かれていたのは、古代のまほろばのイメージを呼び起こすのびやかな高原と低山の醸し出すのどかな田園風景であり、そして点在する古代遺跡の数々であった。もちろんそのベースには飛鳥があり、そして大和があったわけだが、ふと目をその周囲に転じたときに気になったのが、東に連なる低山やその間に営まれる村々の佇まいだった。

標高五〇〇メートルほどの台地に程良く配置された低山と、その間に点在する集落の佇まいはそれだけで一つの都祁野村物語の序章であり、また村のほぼ全域から出土している弥生時代後期の遺物からもそのイメージは大きく膨らんでいく。遺物の中には関東や東海のものが含まれるといい、こうした文化の交流がこのような山上の台地で行われていたということは、関東出身の私にとってはその伝播の距離感がそれとなく伝わってきてなかなか興味深いものがある。この台地に人口が急増したのが二、三世紀だとも云われ、その交流の中には中国の前漢の銅剣なども見られ、更に大きな広がりをイメージさせてくれる。

この古代都祁国を支配していたのが都祁国造で、その墓と伝えられる三陵墓古墳が村の中心にある。古墳に登って周囲を見回してみると、すぐ南に聳えている形の良い山が目に飛び込んでくる。この台地のシンボル的な山、都介野岳である。そしてこの山に対峙するように、北東に北白石の野々上岳の二つの峰が盛り上がっている。田園の間に点在する集落の間を割って野道がちょうどこれら二つの神の山を結ぶように延びており、心なしか意志的な雰囲気の様なものが感じられる。

古墳南麓の集落背後に盛り上がる柏峯と云う丘も御神体の山であり、それを物語る古代信仰の地の神を祀る神社や盤座がある。都介野岳の形は、中国の圓丘・方丘思想から見て圓丘、つまり天の丸い形を表すのではと示唆したのは小川光三氏だが、ニョッキリ空を突く独立の峰は、その低い標高にも関わらずまさにそのような神秘的な佇まいがある。この半円状の天の丘に対する方丘として、柏峯の方形台地をそれと見ているのも興味深い。

この都祁野の開拓にあたった天平期の高官、小治田安万侶の墓や聖武天皇の関東行幸の際の頓宮跡などが、さり気ない路傍の神社や丘の中程にぽつんとあるのが、まことにこの素朴な風景の都祁野らしいというべきなのか。特に聖武天皇の関東行幸の第一日となる堀越頓宮での一夜は、その後の天皇の五年にわたる激動の彷徨の門出だけに、ついそこに様々な物語を見てしまう。鈴鹿山脈をぐるりと回りながら、やがて紫香楽で宮を営み、再び恭仁京を経て平城京に戻るというその後の劇的な展開を思うと、この都祁野の滞在は静かな序章であったことだろう。

神と様々な関わり方をしてきた古代の人々の知恵が、今日に僅かながらでも引き継がれているのがいわゆる神事で、野々上岳そのものを御神体とする神迎えの神事などからは、この地の精神性と云うものを僅かながら感じ取ることが出来る。北白石の国津神社から眺める野々上岳は、雌岳、雄岳の二つ峰が鮮やかに田園の中に屹立しており、田園の中にぽつんぽつんと見える叢林がその舞台である。その小島のような叢林をやすんば（休ん場）という。古代にあって稲の播種の時期を探るのに、神社のある場所からやすんばの叢林の並ぶ一線上に野々上岳の二つ峰の中間を見て、そこに太陽が上がる時を待ったという。神が野々上岳から神社に渡るときに休む場所が、その叢林だともいわれており、まさに神迎えという言葉に相応しい素朴な野の風景が広がっている。もともと都祁氏は神祀りを主業とした多（太）氏であり、そのためこの地に特異な祭祀遺跡が多いと云われるが、国津神社の境内の中にある回廊というか客殿の様な格式漂う建物を見ていると、今の時代を生きる村人の心情に触れるような気がする。

何も観光的施設のない、また案内のない都祁野村の道だけに、その原初の佇まいを僅かながら偲ぶ時間にいつも包まれている。ただ、野々上岳の前山のよく目立つところに派手な意匠の住宅が二棟建っているのが、いかにもこの神の山にそぐわないもののように思えた。自然な時の流れの中で、その時代に合わせた自然な姿形に変わっていくというのも、観光地として保護されていないがゆえの、この地の宿命というのものなのかもしれない。精神文化だけではその地域は保護の対象となりえないのだろうか。

野々上岳の山麓にある雄神神社に向かう道すがら、南西の林の間を割ってピラミダルな都介野岳の山頂部が覗いた。一瞬神々しい雰囲気に包まれたが、辺りを見回すと田畑がのびのびと広がり、すぐにのどかな農村風景に変わった。神社の参道から祠に向かうと、数人の人が辺りを掃除していた。この神社の御神体は野々上山本体であり、建物は拝殿なのだろう。丁寧に拭き掃除をしている年輩の婦人にやすんばのことを聞くと、神様が渡るときに休む場所だと云うことを母親に聞いたと話してくれた。大阪に嫁いで、久しぶりに里帰りしたという六〇歳見当のその方には、しっかりと故郷の神の伝承が行われていたようだ。裏手に神事の時に使う井戸があると教えられ拝殿の脇の斜面を上がると、すぐに低い尾根を乗り越すようになりやがて山麓から登ってくる別の谷道に合流した。これが野々上岳の鞍部に登っている参拝道なのだろう。だがこの山は禁足の山である。

井戸は三畳ほどの広さの祠の中に収まっており、注連飾りを巡らせた神聖な場所になっていた。辺りの雑木はすっかり葉を落とし明るい日差しが差し込み、のどかな空気が漂っていた。神を背中にして雑木の間に覗く都祁野の明るい空が覗いており、ふと眠りを誘われそうになる。

何もない、と云うより何かもっと大きなものに包まれているような気がする都祁野の山裾だった。それが何なのか分かるはずもないのだが、朝方室生川に沿った山間の風景を眺めていたときとは明らかに異質の空気が、室生口大野からの長い坂道を登るうちに、ヒタヒタと足の裏を通して伝わってきたものだった。向淵、無山と云った山間の穏やかな佇まいの村々を過ぎ、やがて都祁野の中心部に上り詰めて行くにつれ、胸の奥底に微かに沸き上がってきたものは、安堵感にも似た安らぎであったようだ。高原の空気に触れたときの爽快さとは微妙に違う、何かそれは懐かしさに似たようなものであったかもしれない。『兎追いし彼の山―」といったような、日本人なら誰もが容易に描くことの出来るイメージ、故郷、原郷の空気と云ったようなものに近いかもしれない。

やや疲れた足裏から伝わってくるものを感じながら、穏やかな光の中で仰いだ屹立する天の圓丘の山、田園の中に聳える神の山の風景。それぞれが溶け合いながら放つ空気のなかに、都祁野の人々の暮らしが静かに営まれていた。それぞれの領分は大きくもなく、小さくもなく程良い間隔で収まって、そしてのびやかに広がっているのだった。長い道のりを歩くほどに、より見えてくるものがあるかもしれない、そんなことを思いながら、笠間峠方面へと続く遙かな都祁野の道にも思いが飛んでいくのだった。

飛鳥への道

飛鳥へ入るのに気に入っている道がある。飛鳥の東外れ、ちょうど桜井市との境になる談山神社から冬野の集落に向かい、更に上畑から南の谷に下って飛鳥川沿いの栢の森に出るものである。とは言っても昔とは異なり、今では桜井から談山神社、あるいは冬野から飛鳥まで車道が通じているのでそう奥深い旅路を感じることもない。だが冬野を巡る道には何か特別な感情が沸き上がり、飛鳥への野道を行くときの気分は格別である。

冬野は吉野へ越える龍在峠、細峠を越えていく峠路の拠点として古くから多くの旅人が通りすぎた集落で、今も残る民家の佇まいや細々とした道の先に連なる山並みが旅情をそそる。細峠に芭蕉の句碑、「雲雀より雲にやすらう峠かな」があるが、松尾芭蕉が漂泊の詩人として旅を始めた貞享元年（一六八四年）四一歳の秋、いわゆる第一回の「野ざらし紀行」の折に東海道から伊勢、伊賀上野を経て大和を訪れていること、また伊賀上野で越年して翌年は大和から京、近江、木曽路を経て江戸に帰っているところから、新しい作風への模索をしつつ峠を越えたかもしれないとの思いがよぎる。初秋の頃に吉野山に登って西行の旧跡を見物したという芭蕉の頭の中にはどんな風景が残っていたのか、などと思うにつけ冬野辺りののどかな風情が鮮やかな色彩を帯びていく。芭蕉はこの旅の後に向井去来など生涯の弟子を得ることになり、その後五年間にわたる関西での日々や弟子との蜜月の日々を経て、生涯のテーマである現実社会への欲望を捨てて人生そのものを芸術化するという、風雅の道、風狂の道へと突き進んでいく。そして元禄二年（一六八九年）四九歳の春、三月二十日に奥の細道の旅に江戸を発つ。

談山神社の門前の街道の南外れ、坂を上りきったところに関門のように座る石仏が、いかにもいにしえの街道の空気を醸し出していた。古びた石垣や日当たりの悪い木陰となっている集落外れはうっすらと苔むして、歴史の道を彷彿するといえばそれらしくも感じる。だが一歩南に足を踏み出すと西に大きく展望が開け、飛鳥から登ってくる車道の終点に出会う。まだ工事途中で、そのうちに桜井からの道と繋がってやがて車の往来が激しくなっていくのだろう。ここから南に尾根伝いに付けられている良く踏み込まれた杉林の道はいかにも古道の佇まいといった雰囲気で、薄暗い樹林の緩やかな登りが淡々と続いていた。登るともなく、下るともなくゆるゆると続く山間の途は薄暗く、時折西の樹林の間から覗く飛鳥の明るさにふと我に返る。道の脇に佇む祠に目をやりながら、思い出したように鬱々とした気分に包まれていく。そう重くもない鬱とした気分は一体どこから来るものなのか。頭のどこかに、この街道を辿った旅人の心情や、たとえば山越えの峠路の彼方の遙かな吉野の地に漂う神仙境のイメージなどが重なる。

少し明るくなってきたと思ううちにやがて苔むした石垣が続くようになり、ほどなく緩やかな坂道の上に続く民家の壁が目にはいると、そこが冬野の北の入り口だ。いつの間にか細い路地に迷い込んだような気分になるが、それも一瞬のことですぐに南側が明るく開けて飛鳥から龍在峠に続く道を眼下に見下ろしていた。ちょうど飛鳥の細川谷沿いに登ってきた道との三叉路になっており、南の高市郡と吉野町との境にある郡市界尾根の遙かな連なりが、吉野路の旅情を微かに醸し出している。

こんもりとした辻を西に抜けていくとすぐに村外れとなり、そこに小さな円墳があった。よく手入れされた植え込みの間を割って二十段あまりの階段が登っていた。上の柵の前に石碑が建っており【良助法親王冬野墓】の文字から、いかにもここが尋常ではない場所なのだという雰囲気が伝わってくる。仏門に入った亀山天皇の第八皇子で、一二二九年に延暦寺第百世の天台座主になり、後に多武峯清浄院に転住しやがて還俗してこの冬野に住み生涯を終えた親王である。

ここから西へは良く整備された道が飛鳥に向かって、くねくねと山を巻きながら細川谷に向かってのどかに下っていく。やがて最初に現れる畑の集落から道を離れて南側の谷に下っていくと、突然タイムスリップしたようなのどかな空気に包まれていった。取り立てて何があるというわけでもない山村風景なのだが、南側に谷を挟んで山脈が連なり、飛鳥川の支流が山裾を洗っている地形には心休まるものがある。作家の五味康祐氏の父親がこの集落にある高山寺という寺の住職の友人だった縁で、昭和三十年頃にこの寺に住むようになり剣豪小説を書いていたという。時間が止まったようなこの山間の村での暮らしでは、数百年の隔たりを越えて様々な想念が沸き上がるのかもしれない。

二万五千分の一地形図ではこの畑から真南に波線の道が記されているが、民家の玄関先を下っていくとやがて杉林の中の荒れたそま道に変わるが、それもながく続かず十五分ほどで流れに沿った車道に下り立つ。上畑から下畑を経て迂回してきた道で栢森の集落へと続いているが、樹林の中の細々とした道は鬱々とした空気に包まれている。

淡々と西に向かう樹林の道は終始くらい空気に包まれているが、それもまた往時を偲ぶコントラストの陰の部分として、なかなか味わいのある時間である。やがて谷を抜け出ると飛鳥川本流の流域に広がる栢森の集落が見えてくる。急にトンネルを抜け出たように明るくのどかな田園風景の中を、古い民家のたち並ぶ集落に向かって歩いていった。

栢森は延喜式内社の加（賀）夜奈留美命神社があることでよく知られている。皇極天皇が行幸して天を仰いで祈ったところ大雨が降り五日間降り続いたという有名な雨乞いの場がここだと言われている。昭和初期まで、栢森の女淵では雨乞いが行われていた。

川沿いの長い道をとぼとぼ歩いていくと、やがて長い階段の登っている飛鳥川上坐宇須多岐比売命神社を過ぎ、やがて稲淵の集落に差し掛かる。村外れの高台には南淵先生の墓があり、中大兄皇子と中臣鎌足がともに周孔の教えを受けに南淵請安の元に通ったと言われているが、そこで蘇我氏討伐の計画を語ったかというのは小説の世界である。

この辺りまで来ると大分足に疲労が溜まってくるが、それが舗装道路をそぞろ歩いた所為なのか、あるいは想念の基になにやらおどろおどろした古代の政治的葛藤を重ねてしまう為なのか。ふと脇の飛鳥川に視線をやると、清流の色が目に潤いを与えてくれるような気もする。そして視線を上げると、なにやら妙なものが川に渡した綱からぶら下がっていた。藁で作った陽物でそのかんじょう綱とよばれるものは疱瘡神を祀る人々の祈りの対象なのだった。実におおらかだが、ふとヒンドゥー経のリンガ信仰なんぞが頭に浮かんだ。あれは万物の再生を意味していた。病も治して、命の再生に繋がるのか。

祝戸の棚田が広がってくると、もうそこはのどかな飛鳥の典型的な農村風景だった。次第に流域が広がって、やがて細川谷が東に出合う頃には島の庄の石舞台も近い。よく歩いた。冬野から畑、そして栢森から飛鳥川に沿ってここまで。飛鳥へ下る道は不思議な道だった。時空を越える峠、谷そして集落の佇まいに加えて、良助法親王を初めとする様々な人々が思いを込めてそこに移り住んできた地であり、旅人が様々な思いを抱いて行き交った空気が色濃く残っているような気がする。そういえば栢森の栢は、朝鮮半島新羅の伽椰からきたとも言う。森は古代朝鮮語の頭《もり》、つまり伽椰の頭、中心地などと言うこととの関連もあるというが。その辺りが妙に湖東の渡来人の開拓した鈴鹿山麓の空気感に似ているような気がする。飛鳥に下る道ののびやかさにふと安らぐのは、この辺り一帯に漂う包容力といった気分なのだろう。

富士見を訪ねる

八ヶ岳の南山麓に広がる富士見高原は、古くから多くの文人に愛された土地であり、その明るくのびやかな風光の中で営まれる様々な人生は、数多くの作品に描かれ多くの人を魅了してきた。日本離れした大きな風景、八ヶ岳山塊と南アルプスの山々に挟まれた高原台地には、一種現実離れしたロマンチシズムの世界が確かにあったのだろう。伊藤左千夫、島木赤彦、斉藤茂吉などを初めとするアララギの歌人たちの文学活動に始まり、小説では井伏鱒二、田宮虎彦、田山花袋、宇野浩二、唐木順三などが作品を発表している。近年では富士見高原療養所を舞台にした久米正雄の「月よりの使者」や堀辰雄の「風立ちぬ」などの作品が広く支持され、更に映画化を通じて広くこの地が知られるようになった。そしてこの地に住み、この地の自然の美しさ、厳しさの中に生きる人々への讃歌を謳い続け、人々との交流を通じてやがて人々の精神的な支柱ともなっていった一人の詩人がいた。それが尾崎喜八である。

戦前から霧ヶ峰や八ヶ岳一帯を歩き、多くの詩文を発表してきた尾崎喜八が、戦後の昭和二十一年から二十七年までこの地に住んで、厳しい暮らしの中で多くの作品を発表したことはよく知られている。純粋に自然の美しさを謳った戦前の詩作から、時代は尾崎氏に戦意高揚の詩まで要求するようになり「この糧」を初めとする多くの詩を発表した。そして戦後、この事を改めて謝罪し、全てを捨てて生き直す決意で東京から富士見の地に降り立つのだった。この時の心情は昭和二十一年に発表された「高原暦日」の中の「到着」という散文に現れている。その二五〇〇字足らずの文章の最後の方に

——ああ、森よおまえのその新緑のふところ静かに敗残と懺悔の私を抱き取ってくれ。おんみ八ヶ岳とその広大な裾野よ、釜無の山々と谷々と富士見高原のすべての村よ、私に恵んで復活にまで救ってくれ。——と、痛々しいまでの恢復への願いが綴られている。

その後尾崎喜八は七年間を、旧伯爵家のW家の分水荘の森の家で過ごし、文筆と講演などの仕事を通じてやがて地元の人々と交流が深まっていく。尾崎喜八の自然科学への造詣が地元の子供達に与えた影響も大きかった。何よりも尾崎喜八が讃えた富士見高原の豊かさ、素晴らしさが地元民の郷土愛を形作る上で大きな役割を果たしていくのである。この富士見時代に尾崎喜八が発表した作品は、「高原暦日」を初めとして「美しき視野」「花の復活祭」「碧い遠方」など四冊と、長野県内の多くの学校の校歌の作詞など多彩だった。

人の世の転変が私をここへ導いた
古い岩石の地の起伏と

めぐる昼夜の大いなる国
自然がその親しさと厳しさとで
こもごも生活を規正する国
忍従のうちに形成される
みごとな収穫をみわたす国

その慕わしい土地の眺めが、今
四方の空をかぎる山々の頂から
緑の森に隠れた谷川の河原まで
時の試練にしっかりと堪えた
静かな大きな書物のように
私の前に大きく傾いて開いている。
（富士見に生きて　尾崎喜八）

霧ヶ峰や蓼科を舞台に様々な詩文を発表しているが、尾崎喜八にとって自然とは単に風景だけのものではなく、もう一つ心の中にあるべき自然を掘り起こそうとするものだった。自然とはまさに人間であり、それを含めた大きな命であると言うことが、ようやくこの恢復期の富士見時代を通じて、広く周囲の人々によって感覚的に理解されていくのである。

富士見駅前のコミュニティセンターに併設されている〈高原のミュージアム〉を訪れた日は、残暑の日差しが強く、南に聳える南アルプスの山々がうっすらと霞んでいた。明るく近代的な洒落た建物は一階が図書館になっており、二階にそのミュージアムがあった。三〇〇円の入場料を払って中に入ると、アララギ派の歌人のコーナー、富士見療養所のコーナーや小説家のコーナーなどがあり、そして建物の一番奥まったところに尾崎喜八のコーナーが特設されていた。妻側の壁面すべてをガラスで仕切ってコーナーとし、更に映像による紹介も行われていた。著書に始まり、登山靴やザック、更にカメラ、双眼鏡や笛といった愛用品からは、尾崎喜八の体温が伝わってくるような気さえした。年表に沿って関連の写真が掲げられ、まだ素朴な佇まいの昭和二十年代の富士見村の空気が伝わってきた。そして何よりも目を引いたのは、尾崎喜八が作詞した校歌のある学校の分布図で、それはほとんど長野県全域に近い感じで散らばっているのである。いかに尾崎喜八がこの地で慕われていたかが分かる。出版された著作を眺めていると、その当時の風景が浮かび上がってくるような素朴な装丁だった。戦後間もない頃の出版事情も微かに伝わってくる。

建物の外に出ると相変わらず日差しが強かった。建物の脇に、南アルプスの山並みを背に、尾崎喜八の「富士見に生きて」の詩碑が建っていた。串田孫一氏の選によるこの詩は、富士見時代の最高傑作といわれているもので、力強く心の中の自然と交歓する富士見の自然を讃えている。逆光の中で、毅然と立つその詩碑に見入った後、尾崎喜八の居宅のあった分水荘の跡を訪ねることにした。

駅のすぐ近くに学校があり、構内からブラスバンドの軽快なメロディーが響いてきた。脇を通り抜け、テクノ街道と呼ばれる茅野方面への道を西へ辿ること十五分ほど。新しい住宅や洒落た店舗などが目立つ通りだが、空き地がまだ至るところにある。やがて信号のある交差点の角に黒々とした森が広がっていた。そこが分水荘の跡だった。今ではただの荒れた森が広がっているだけで、建物などは何も残っていない。ただ一ヶ所北側の道路から一〇メートル程入ったところに古びた大きな石の門柱が立っていた。これが分水荘の門であり、当時の様子を尾崎喜八は「忘れじの富士見高原」（一九六九年九月）という文の中で次のように記している。

――左には遠く霧ヶ峰と車山が横たわり、諏訪湖の空からすがすがしい秋風が昔のままに吹いてくる。道の左の農業高校のグランドはなくなったかもしれないが、夏にはオオヨシキリが鳴き、ホタルが無数に飛んでいた右手の三の沢の田圃にはまだ残っているだろう。真っ直ぐ行けば一里先の中新田部落。その道を左に折れて、まだ有るだろう厳めしい石の門から分水荘の森に入る。白樺の林を前に、樅や桜や赤松や落葉松に囲まれた古い大きな分水荘の建物は、もう人も住めないほどに朽ち傾いているかもしれない。――

門の前には夏草が茂り、門だけが墓標のように立っていた。道を挟んで洒落た喫茶店が店を開けていた。まさかこの場所が観光地になっているわけでもないだろうと思いつつも、何か白日夢を見ているような気分で通りからその門に見入った。分水荘の時代を連想する空気は僅かにその鬱蒼とした森に残るだけで、取り巻く町の表情に五〇年以上も前の鄙びた空気を感ずるのには無理があった。

傾斜のある道を戻りながら、あらためて起伏に富んだ高原の町の佇まいに見入った。視線の先にはいつも山があり、そして恢復の為の七年という日々はこの風光の中でじっくりと熟成し、より力強い再生の年月へと引き継がれていったことを強く感じるのだった。

一枚の写真

その年賀状に印刷されている家族の集合写真を眺めながら、ふと時間が止まった。六歳くらいの男の子の笑顔が愛らしい。脇に立つ奥さんのキリリとした美貌も目を惹く。そしてやっと一人歩きできるようになった位の男の子が、父親の背負うベビーキャリアの中でレンズに向かって澄ましていた。カメラから視線を外した父親の横顔は、そんな愉しげなファミリー写真とは裏腹で、その面白くもなさそうな淡々とした表情が印象的だった。

その表情を見ていると、あのときの彼の途方に暮れたような表情が甦ってくる。もう八年ちかくになるのか。あれは夏の夕暮れ近い愛知川の河原だった。下谷尻谷でイワナを追って戻るところだった。深追いしすぎて戻る時間がすっかり遅れ、急ぎ足でよれよれになりながら愛知川本流のジュルミチ谷出合い辺りにさしかかったとき、河原に蹲るように放心したように座り込んでいる男と出会った。

「こんにちわ」と声をかけると、鈍い動作で頭を上げた男の口からいきなり「ここはどこなんでしょうか」という言葉が出てきた。

どうしたんだろうと思いながら「ここって…愛知川の本流で、ジュルミチ谷の出会い近くですよ」というとホッとしたような顔でポツリポツリと話し始めた。

朝、杠葉尾から長尾を銚子ヶ口に向かったものの、どうやら途中で枝道に入り込んで風越谷側から山腹トラバースでジュルミチ谷に迷い込んだようだった。須谷川沿いの登山道は源流帯にいったん下り、植林帯の中を登り返すというのが登山ルートだが、源流帯に下る前に尾根側に誘われそうな獣道、そま道がかなり多く見られる。これに迷い込むと山腹をトラバース気味に登っていくうちに尾根の上に出てしまう。これが錯覚のもとで、何となく尾根上の踏み跡についていくうちに、それが風越谷左岸の尾根から、ジュルミチ谷左岸の尾根へと誘われかねないのである。ジュルミチ谷左岸にはルートもあるのでなおいっそう間違えやすい。この谷は岩が非常に脆く、地形の把握のできないままに下るのは危険なのだ。本人は全く地形がつかめないままに右往左往して、ようやく脆いジュルミチ谷を絡みながら下ってきたようで、かなり緊張した時間を長く過ごしたような疲れが体中から立ちのぼっていた。

ふと気がついて、ザックから食べ残しのパンを出してあげると旨そうに食べ始めた。恐らく食糧は持っているのだろうが、緊張しているときはザックから出して食べようという余裕すらない。私にも経験があった。空腹にもかかわらず、ただ水を飲むくらいしか思いつかないものなのだ。まだ若いその男の横顔を眺めながら、ふと自分が山に登り始めた頃のことを思い出した。

やがて一緒に杠葉尾まで戻ることにして、瀬戸峠越えの道に分け入っていった。黄昏近い樹林の峠路はいつにも増して長く気怠い道だったが、鈴鹿の山のことなど色々話しているうちに風越谷に下り着き、不動滝の近道を通りやがて杠葉尾の外れにたどり着いた。すっかり気を取り直した男の表情はすっかり落ち着き、別れ際に「良い経験になりました」との一言が、彼の率直さ誠実さを表しているようだった。

それから一週間ほどたったある日、愛知県のT市から一枚の葉書が舞い込んだ。彼からだった。あの日、色々な話をしながら越えた薄暗い樹林の峠路が、ぼんやりと浮かび上がってきた。

「沢下りやら山越え、特にボロボロのがけの上に立ったときのことを思い出して、改めてゾッとしています」と綴られている文字の間から、愛知川の流れの音が聞こえてくるようだった。だが彼にとっては、あのときの夕暮れ時ののんびりとした空気の中で聞く渓流の音は、数時間前の複雑な思いが甦る中で、また違ったものだったのかもしれない。

名古屋にある一流企業の独身寮から、休みごとに鈴鹿の山に通って来るというその彼は翌年名古屋から東京に転勤となり、やがてふらりと結婚報告が舞い込んだ。純白のウエディングドレスをまとった花嫁と馬車の上に並ぶ、写真の彼の表情はそれなりに嬉しそうではあったが、その今風の華やかなセレモニー風景にも関わらず、やはり淡々としているように見えた。毎年届くようになった年賀状の住所が東京から新潟にかわり、そして家族の姿が増えていった。

あの時から彼と会う機会は無いが、毎年届く年賀状の彼の表情を見るたびにあのときの渓流の音が甦ってくる。そしてその音の中にふと、時の流れの早さを重ねている。それはまた、私自身の道でもあったのかもしれない。

十八年前に初めて東京から近江の地に仕事で訪れ、やがて一人の女性と出会って鈴鹿の山麓と関わりが生まれた。やがて結婚することになり、暫く東京との二重生活が続いたあと、子供が産まれるので東京を引き払って近江に移ってきたのだった。簡単に引き払うと言っても、当時は様々な問題を抱えており、また区切りをつけると言うことはライフスタイルから変えなくてはならないという問題を抱えていた。しかし子供は産まれるのを待ってはくれない。やがて年も暮れようとする頃、近江の人となった。

当初は気持ちの収まり具合の悪さから逃れるように山に向かったが、やがて子供の首がすわる頃からベビーキャリアに入れて山を歩くうちに、妙な山の音に包まれるようになった。そして子供の成長とともに、やがて山の音は次第に様々な色を付け始めていった。子供の人生がこの自然の中で育まれ、やがて一人歩きしていくようになるにつれ、いつの間にか私自身の歩く道が次第に細くなっていくような気もしてきた。自然が豊かであるだけに、時にはどっぷり浸って抜けられなくなっているような気もする。

時が流れ、気がつくと五〇代に入っていた。何かにうまく辻褄を合わせようとすると、ふと過ぎ去った日々ののどかさが蘇ってくるのも困ったものだ。そんなことを思いながらまたザックを引っぱり出すとき、微かに耳の奥で山の音がする。

今年の彼からの年賀状には、「新潟から東京に一年前から単身赴任中です。年末中に丹沢に一泊二日でいこうと思ったものの果たせなかった」とあり、年を越して今年こそ「家族をほっておいてどこかに登りつもりです」と結んであった。それは決意というより、ぽつりと出た独り言のようにも感じられ、その時ふと、彼の新妻が望んだと思えるような可愛らしい結婚式の写真が浮かんできた。

彼の耳にもまだあの夏の渓流の音が響いているのかもしれない。時の流れの早さを思いながら、何かが一つ一つ消えていくような気がするとき、さり気ない風景や光景が一瞬光り輝くときがある。その道筋をぼんやり追っているとき、ようやく自分の立っている場所に納得できるような気がしてくる。そんな思いにたゆたうとき、恐らくそのぼんやりとした表情は、無愛想にも枯れたようにも見えるものなのかもしれない。

折からの寒波で暗い空の下に風花が舞っていた。山は降り積もるだろうと思いながらワカンの麻紐を巻き直していると、テーブルの上の年賀状がチラリと目に入った。すぐに視線を手許に戻すと、思い出したように御池岳の眩い雪原の風景が頭の中で大きく広がった。

あとがき

鈴鹿山麓の小さな町で、山並みを眺めながら暮らすようになって十五年ほどになる。それまで関西圏の山に登ったことはなかったが、やがて霊仙山に始まり御池岳から雨乞岳へ、更にイブネ・クラシなどの奥山へと分け入るようになった。そしてそこで出会った風景は劇的だった。

茫々と広がる笹原に物語的な竜神世界を夢み、時には広大な雪原に静謐な権現世界を感じ、山奥の神の岩や鉱山廃墟では、静かな人の祈りや厳しい暮らしの幻影を見た。また季節の折々に人々の流転の影を宿す峠を越えながら、人生の喜怒哀楽を見つめてきた自然の大きさに圧倒されたこともあった。

私はかつて「鈴鹿　樹林の山旅」「鈴鹿源流」そして「鈴鹿夢幻」など三冊の本の中で鈴鹿を彷徨い、夢見て時には立ち止まった。四季折々の風景の中の、見事に単純化された構図の中心に、一筋の道と山に象徴されるような何かがそこにはあるような気がした。いつしかその何かに惹かれるように山の懐に吸い寄せられていった。

日がな峠を越え渓流を歩き、やがて山麓に戻ってきた時に目にしたものは、活気のある農作業やさり気なく落ち着いた暮らしの情景であり、質素な中にもしっかりと自然の中に根付いているその時間の流れが心地よかった。必要最小限のものをザックに詰めて山懐に向かうとき、身軽になったような妙に気分のいい風に巻かれていくような気がした。

思えば、かつての山の暮らしとは常に必要最小限の暮らしであったことだろう。廃村や炭焼窯の跡、そして鉱山廃墟など時の流れに埋もれていく暮らしの名残に触れるとき、形あるものがいつか消えていくという無常観はやがて、人やその暮らしもまた常に転変する大いなる自然の一部なのだという感慨に結びついていく。ある一瞬の時を過ごすその場所、あるいは人々が暮らす束の間の時間も一つの旅には違いない。そしてその旅路は、いつも山の扉の向こうに続いている。

辻　涼一　1949年神奈川県横浜市生まれ。17歳の頃、関東の奥多摩で山の洗礼を受け、やがて奥秩父、丹沢、上信越、八ヶ岳そして南ア、北アへと足を延ばすようになる。その後、北海道や東北の山で人の気配の薄い山に惹かれていく。やがて大学時代に文化人類学に興味を持ったことで一つの転機を迎え、1973年に初めてネパールに入り初めてヒマラヤを目にする。そこで山とその麓に住む人々の暮らしを見て、広い意味での「山旅」というものを意識するようになる。1975年にネパールに留学という名目で一年ほど暮らし、またその後業務で中東に滞在する機会を得るが、ある「山旅」は続いた。イラン郊外から眺めたデベバンド山系やイ・イ戦争当時に3年ほど暮らしたイラク北辺の町から眺めた山並みは、赤茶けた砂漠の中に浮かぶ蜃気楼のようだった。1987年から関西に移り、京都の北山、大峰、比良などを歩くようになるが、現在は滋賀県をベースに、鈴鹿の山や谷を歩き回ってる。著書に「近畿山想」「ラリグラスの森」「鈴鹿　樹林の山旅」「鈴鹿源流」「鈴鹿夢幻」など。

山の扉

2002年10月25日　発行

著　者　辻　涼一
発行所　山　人　舎
滋賀県愛知郡湖東町下里5（〒527-0115）
電話/FAX（0749）45-2458
振替　01060-2-67011
E-mail　sanjin@mx.biwa.ne.jp
発売元　サ　ン　ラ　イ　ズ　出　版
滋賀県彦根市鳥居本町655-1（〒522-0004）
電話（0749）22-0627
印　刷　サンライズ印刷株式会社

ISBN4-88325-221-3　C0021　　定価はカバーに表示しております。